AF589930

SOUVENIRS

DE

QUATRE MOIS ET QUATRE JOURS

DE CAPTIVITÉ

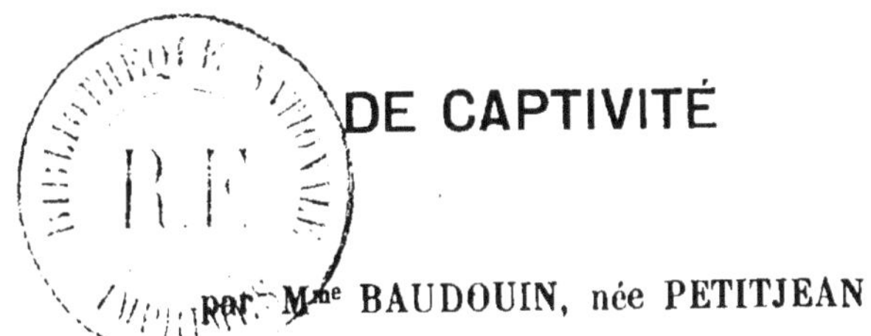

par Mme BAUDOUIN, née PETITJEAN

ÉPINAL

V. COLLOT, IMPRIMEUR

1879

AVANT-PROPOS

Neuf années se sont écoulées depuis la guerre de 1870. Entreprise sans préparation et avec la plus grande imprévoyance, elle vint renouveler pour la France les malheurs des invasions de 1814 et 1815, interrompre pour longtemps sa prospérité, lui imposer des dettes qui ne s'amoindrissent guère, et porter le deuil dans la plupart des familles.

A cette date néfaste, j'avais eu soin de prendre des notes détaillées sur des événements qui souvent révoltèrent ma conscience honnête autant que mon patriotisme, et dont je finis par être une des victimes. Aujourd'hui, je me décide à publier ces notes pour mes parents et quelques connaissances intimes. Sans doute il restera dans ce travail la trace d'impressions pénibles, même d'une haine patriotique que les circonstances motivèrent; mais si les expressions employées étaient justes à cette époque pour mieux peindre la conduite d'ennemis qui s'écartèrent des règles que plus d'humanité eût dû leur imposer, elles doivent l'être encore aujourd'hui, quoique le temps ait amoindri bien des souvenirs. Nous les donnons donc à peu près telles que nous les avons écrites, et nous souhaitons que ce soit une leçon profitable pour ceux qui, à l'avenir, seraient engagés dans une de ces luttes où des populations innocentes et paisibles ne recueillent que la désolation et la ruine.

En 1870, bien des Prussiens, sans doute pour satisfaire un orgueil national mal placé, s'aban-

donnèrent à leur caractère dur et violent, et se livrèrent, en dehors des batailles, à des actes que la civilisation réprouve. Nous blâmerions ces actes chez des Français s'ils se les permettaient à l'égard de vaincus désarmés et impuissants : qu'il nous soit donc aussi permis de les stigmatiser chez les autres nations, et de dire qu'ils ne peuvent apporter que la honte à ceux qui les accomplissent, les permettent ou les tolèrent. Des rigueurs outrées ou même puériles, comme celles que nous avons subies ou dont nous avons été témoins, loin d'augmenter la puissance de ceux qui les exercent, ne font au contraire qu'affaiblir le prestige de leur autorité.

Loin de nous cependant la pensée de vouloir faire retomber sur toute la nation allemande la responsabilité de violences qui souvent furent le fait de quelques individus; nous sommes persuadée au contraire que le plus grand nombre de leurs compatriotes les désapprouvaient comme nous, et que beaucoup furent le résultat de la guerre et des passions exaltées qu'elle provoquait tout naturellement.

En un mot, nous avons écrit et dit la vérité pour le temps où les évènements se sont accomplis : que Dieu préserve notre pays d'en revoir encore de semblables, et nous d'avoir à en retracer la mémoire!

Épinal, le 26 juin 1879.

Julie BAUDOUIN,
née PETITJEAN (1).

(1) Marie-Victoire-Julie **PETITJEAN**, née à Corravillers, canton de Faucogney (Hte-Saône), veuve de François **BAUDOUIN**, conducteur des ponts et chaussées, décédé à Epinal le 1er février 1876, est fille de feu Marc-Xavier **PETITJEAN**, né à Corravillers, le 25 avril 1775, décédé le 25 octobre 1839, et de feue Ursule Kuenemann, née à Thann (Haut-Rhin), le 21 octobre 1875, décédée à Corravillers, le 11 mai 1859.

SOUVENIRS DE CAPTIVITÉ

I. LA GUERRE.

C'étaient des Prussiens : « *Ab aquilone panditur omne malum.* »

Nous étions arrivés au 27 juillet de l'année 1870. Commencée sous l'impression de modifications ministérielles bien peu rassurantes pour les hommes clairvoyants, elle s'était continuée par un plébiscite trompeur qui dut son grand succès bien plus à la crainte des passions révolutionnaires qu'à toute autre cause ; elle devait finir par la guerre la moins prévue et la moins préparée, par les désastres les plus pénibles, par l'invasion la plus humiliante.

J'étais en ce moment à Gérardmer où je fus obligée de séjourner six semaines. Malgré la beauté du paysage qui, en été, est admirable, et ne le cède guère aux sites les plus vantés de la Suisse, je ne trouvais rien qui pût me distraire. Ni la lecture, ni la promenade, ni l'agréable verdure des prairies ou des sapins, ni l'ombrage des forêts, ni les bords enchantés du lac, ne pouvaient éloigner de ma pensée les plus sombres pressentiments.

Je résolus donc de me créer une occupation, en écrivant sur mon petit *Recueil* mes impressions au sujet des évènements qui se succédaient en France.

L'empereur Napoléon III venait encore une fois de violer la promesse qu'il avait faite solennellement à Bordeaux, quelques mois avant son avènement au trône : « *L'Empire, c'est la Paix* », avait-il dit, mais cette espèce de devise avait été bien vite oubliée, démentie. D'abord inscrite en tête de quelques journaux dévoués à la cause impériale, elle avait dû en disparaître pour ne point y figurer comme une amère ironie. Et nous avions eu successivement les guerres de Crimée, d'Italie, de la Chine, du Mexique, où s'étaient englouties les forces et les ressources de la France, et qui toutes, la dernière surtout, pouvaient être facilement évitées.

Par quoi la nouvelle guerre qu'il venait de déclarer avait-elle été provoquée ? C'est ce que l'on paraît n'avoir jamais bien su. Si ce fut pour un point d'amour-propre froissé, comme on l'a prétendu, Napoléon eut tort : un souverain honnête ne doit pas sacrifier ainsi toute une nation pour se venger d'une infamie qui n'atteindrait que sa personne, ou sa famille; si ce fut pour raffermir son pouvoir, en butte aux attaques des partis et s'affaiblissant visiblement, ce fut encore une énorme faute, car une administration plus digne, plus sage, plus économe surtout, lui eût bien vite ramené une sympathie à laquelle des prodigalités trop visibles portaient la plus funeste atteinte.

Quoiqu'il en soit, une prédilection innée pour la guerre m'a toujours semblé être dans les instincts du neveu du plus grand guerrier de notre siècle ; il avait les penchants déplorables de son oncle qui, lui aussi, malgré son génie, a fait plus de mal que de bien. Je tremblais en songeant au carnage qui se préparait. Où celà devait-il nous conduire ? Dieu seul le savait! Mais que d'innocentes victimes nous avaient déjà enlevées ces guerres, sans compter celles qu'elles avaient coûtées aux autres peuples, et que de trésors elles avaient engloutis sans aucun profit pour l'humanité ! Ceux qui prennent la responsabilité de telles guerres en oublient les malheurs, car s'ils y réfléchissaient, ils en mourraient de remords et de honte. Si les souverains étaient obligés de se battre comme de simples soldats, et que leur vie fût exposée comme celle de leurs sujets, il y a longtemps que le fléau de la guerre aurait disparu ; la porte qui leur est toujours ouverte pour se mettre à l'abri de la mort et même du danger, n'est certainement pas toujours restée étrangère au bon marché qu'ils ont fait trop souvent de la vie des autres.

Napoléon III a exécuté de belles et bonnes choses, on ne peut le nier, néanmoins, il n'y a pas non plus pour lui compensation entre le bien et le mal qu'on peut lui attribuer. Et si, au moment de la déclaration de cette guerre qui devait être la dernière, il n'avait pas d'alliés, c'est que son imprévoyance et sa funeste politique avaient isolé la France. Une de ses dernières fautes avait été son ingratitude envers l'Autriche qui ne demandait qu'à s'attacher à lui, et que, par une fatalité inexplicable, il avait abandonnée lorsque tout lui faisait un devoir de s'unir à elle, d'accourir à son secours. Il dut le regretter amèrement plus d'une fois, mais il n'était plus temps de se repentir : il eût fallu profiter du bon moment ; les conséquences d'un isolement mérité allaient se faire cruellement sentir.

Malgré l'élan qui, sur tous les points de la France, accueillit l'annonce de cette guerre contre la Prusse, je ne partageais donc pas les sentiments des exaltés qui la croyaient nécessaire et inévitable. Je compris cependant que, dès qu'elle était résolue, il fallait l'entreprendre en excitant tous les sentiments patriotiques capables de la faire réussir. Et certes, j'étais française, et aussi dévouée que qui que ce fût à la gloire et à l'honneur de mon cher pays.

Nous avions d'excellents soldats, disposés comme toujours, à se conduire, à se battre avec toute la bravoure possible ; mais on disait aussi qu'ils auraient de sérieux adversaires, enorgueillis de leurs succès à Sadowa, formés et habitués à une rude discipline, ce qui faisait leur espoir.

Ce fut dans ces circonstances et avec ces éléments que la lutte commença.

Le 4 août, on reçut la nouvelle d'un premier engagement entre nos troupes et les troupes prussiennes. Deux heures de combat avec les mitrailleuses suffirent aux nôtres pour forcer les ennemis à abandonner les hauteurs qu'ils occupaient autour de Sarrebrück, petite ville ouverte d'environ 10,000 âmes qui n'appartient à la Prusse que depuis 1815. Le combat n'avait pas été bien meurtrier, cependant, il y eut déjà un certain nombre de victimes, et quelques maisons furent incendiées.

Je rapporterai ici la dépêche ou la lettre que l'Empereur adressa à l'Impératrice après ce premier combat, dépêche que je désapprouve en tous points.

« Louis vient de recevoir le baptême de feu ; il a été
» admirable de sang-froid, et n'a été nullement impres-
» sionné.

» Une division du général Frossard a pris les hauteurs
» qui dominent la rive gauche de la Sarre à Sarrebrück.

» Les Prussiens ont fait une courte résistance. Nous
» étions en première ligne, mais les balles et les boulets
» tombaient à nos pieds.

» Louis a conservé une balle qui est tombée tout près
» de lui. Il y avait des soldats qui pleuraient de joie en le
» voyant si calme.

» Nous n'avons eu qu'un officier et dix hommes tués.

» NAPOLÉON. »

Le calme du petit Prince en voyant pour la première fois couler le sang de nos soldats me fait mal. Un peu de sensibilité pour un enfant de cet âge eût été préférable à l'attitude que l'on vante ici; cela aurais prouvé un bon cœur, et j'avoue que je lui en saurais gré. L'Empereur eût pu alors s'estimer heureux d'annoncer à son épouse que leur fils était digne de la France, puisqu'il n'avait pu voir, sans une émotion bien légitime, couler le sang généreux de ceux qui venaient d'affronter bravement la mort, la trouver même, en défendant l'honneur de son pays.

Quelques jours plus tard, ce n'étaient plus des victoires que j'avais à enregistrer sur mon livret, mais une malheureuse défaite occasionnée par d'énormes fautes commises dans l'organisation de l'armée. Nos pauvres soldats venaient d'être écrasés à Wissembourg, où ils s'étaient battus 10,000 Français contre 100,000 Prussiens. Malgré cette infériorité en nombre, ils s'étaient défendus comme des lions, et fait écharper plutôt que de se rendre, infligeant à l'ennemi, par des charges héroïques, des pertes énormes. Cette bataille où périt glorieusement le brave général Douai, est considérée comme un des plus beaux faits d'armes de nos guerriers, et leur valut l'admiration de leurs vainqueurs mêmes. La plus déplorable incurie avait disséminé les divers corps de l'armée française au lieu de les réunir ou de les disposer à la portée les uns des autres. La division attaquée à Wissembourg ne put donc obtenir aucun secours, tandis que les ennemis en reçurent plusieurs fois. A la fin la défaite se changea en un véritable désastre, et bientôt, nous eûmes la douleur d'apprendre que les soldats échappés aux batteries prussiennes nous revenaient épars, presque sans chefs, et dans la plus désolante situation.

Les Prussiens venaient de s'ouvrir les portes de la France ; ils en profitèrent immédiatement pour y pénétrer. S'emparant du chemin de fer de Strasbourg à Paris, ils traversèrent les Vosges, entrèrent presque à la fois dans le Bas-Rhin, la Moselle et la Meurthe, en prenant Phalsbourg et quelques autres petites places, et s'établirent bientôt en force autour de Metz et de Strasbourg, tandis que quelques-uns de leurs régiments arrivaient, sans rencontrer de résistance, à Lunéville, et jusqu'à Nancy. Nous n'oublierons pas de dire que, partout sur leur passage, ces terribles ennemis répandirent la terreur, laissèrent trop souvent de tristes souvenirs, et exigèrent, toujours impitoyablement, la soumission la plus prompte et la plus absolue à leurs ordres.

Un mois après leur entrée en France, ils arrivaient aux environs de Sedan, au-devant de l'Empereur qui s'avançait vers cette ville, avec une nouvelle armée, pour essayer de rejoindre les 200,000 hommes assiégés dans Metz. Là eut lieu une nouvelle bataille, mais aussi un nouveau et cruel désastre que nous nous refusons à décrire, et qui se termina par la reddition honteuse de Napoléon

III, et par une capitulation qu'il ordonna, et qui livra à l'ennemi 80,000 hommes. Presque tous ces infortunés soldats français furent emmenés prisonniers en Allemagne où ils eurent à souffrir des privations de toutes sortes. 15,000 hommes de cette armée, environ, avaient pu s'échapper; ils se refugièrent en Belgique et y furent généreusement accueillis.

C'étaient donc 95,000 hommes qui, sans compter les morts, ne pouvaient plus servir à notre défense.

Le maréchal de Mac-Mahon, qui commandait d'abord l'armée, ayant été blessé grièvement dès le commencement de la bataille, le général Wimpfen fut désigné pour le remplacer, et signa cette capitulation, tellement extraordinaire que personne ne voulait y croire. Il fallut en effet bien des circonstances malheureuses pour obliger ainsi 80,000 soldats français à déposer les armes, eux qui auraient préféré la mort plutôt qu'une telle humiliation. Quant à l'Empereur, il eût mieux valu pour lui et pour son fils, qu'il ne fût jamais venu à l'armée, où sa présence avait été très-funeste, ou bien qu'il eût eu le courage de se faire tuer par les balles prussiennes, à la tête de ses troupes, plutôt que de commettre, par sa reddition, un acte aussi inqualifiable qu'impardonnable, tellement il était en dehors de nos plus honorables traditions.

A peine ces événements de Sedan furent-ils connus à Paris, qu'une révolution y éclata, renversa le gouvernement impérial, proclama la République, et organisa un nouveau pouvoir qui prit le titre de *Gouvernement de la Défense nationale*.

Les pertes que notre armée venait de subir,

jointes à l'inaction dans laquelle un homme sans cœur, le maréchal Bazaine, retenait à Metz l'élite de nos braves soldats, ne permettaient plus guère de continuer la lutte. Néanmoins les chefs du nouveau gouvernement voulurent encore tenter la fortune. Hélas! ils ne parvinrent qu'à augmenter nos malheurs, et à rendre de plus en plus grandes les terribles exigences d'un ennemi impitoyable.

Les Prussiens enorgueillis par les succès inespérés qu'ils venaient de remporter, mais irrités des mesures qui retardaient encore leur triomphe, continuèrent aussitôt l'envahissement de notre territoire.

Dès le 6 septembre, ils étaient dans les Vosges où ils eurent à livrer le combat de Nompatelize contre des soldats improvisés pour la plupart, qui se défendirent avec courage, mais qui succombèrent devant le nombre. Le 9, la petite ville de Rambervillers opposait aussi, à leur entrée dans ses murs, une énergique mais inutile résistance qui ne procura guère que des malheurs à une population animée du plus louable patriotisme. Dès qu'ils se furent bien établis dans cette ville et aux environs, ces terribles ennemis s'avancèrent sur Epinal, encore tout irrités de la manière dont ils étaient reçus dans nos montagnes, abandonnées sans aucun moyen de défense, lorsqu'il eût été si facile à l'empire d'y placer au moins un corps d'armée.

II. COMBAT D'ÉPINAL.

Le 12 octobre 1870, Epinal était envahi par l'armée prussienne. Déjà dans les deux combats qu'elle avait livrés sur le sol vosgien, cette armée avait souillé, par des actes d'inhumanité, des succès que seuls le nombre et une puissante artillerie lui avaient donnés; il en fut de même dans notre ville.

A partir de ce jour, je pris en horreur les Prussiens, parce que leur arrivée chez nous avait été marquée par des traits de barbarie que je vais rapporter, par des actes qui devraient être inconnus chez des peuples civilisés.

Lorsque, dans la matinée du 12 octobre, vers onze heures, on apprit que l'ennemi marchait sur Epinal, et même qu'il n'en était plus bien éloigné, l'émotion fut vive. Aussitôt les tambours et les clairons retentirent de tous côtés dans les rues de la ville. A cet appel aussi prompt qu'énergique, les gardes nationaux s'arment à la hâte, pour courir arrêter les envahisseurs. Le nombre de nos défenseurs était bien affaibli, car depuis trois mois les engagements volontaires n'avaient cessé de diriger sur l'armée française l'élite de la population. Cependant, les pères remplaçent leurs fils absents, et les jeunes gens de seize à dix-huit ans se présentent avec l'ardeur de vrais conscrits. On accourt de toutes parts sur la place des Vosges pour y rencontrer des compagnons prêts à affronter le péril. Le commandant fait défaut ainsi que plusieurs autres individus élus à divers grades : cela ne ralentit en rien l'élan des hommes de cœur.

Un premier groupe de 20 gardes nationaux, commandés par un sous-lieutenant, se précipite par le faubourg Saint-Michel pour arriver plus vite en présence de l'ennemi. Il est aussitôt suivi de plusieurs autres qui accourent par cette même route ou par des chemins différents. C'est ainsi que 250 à 300 citoyens, de 16 à 50 ans, se trouvèrent en moins d'une heure, disséminés en tirailleurs dans l'espace qui s'étend au nord-est d'Epinal, entre le bois de la Voivre et les hauteurs de Razimont, mais surtout autour de Failloux, et parvinrent à faire reculer d'abord l'avant garde des ennemis, puis à retarder, pendant plus de trois heures, l'entree de 12000 à 15000 Prussiens qui arrivaient sur notre ville.

Ces braves gardes nationaux dont le dévouement restera ignoré, et qui ne seront jamais récompensés pour le courage qu'ils montrèrent en cette circonstance, accomplirent plusieurs actions bien dignes d'éloges. Ne s'inquiétant en rien de leur petit nombre, ils attaquèrent résolûment, à plusieurs reprises, une armée dont les bataillons grossissaient à vue d'œil, lui résistèrent énergiquement, lui firent essuyer des pertes sensibles, et sans avoir reculé une seule fois, n'abandonnèrent enfin le terrain où ils s'étaient établis, et ne le cédèrent, pied à pied, que lorsque plusieurs batteries de canons chargés à mitraille eurent fait comprendre à chacun que toute résistance était devenue impossible.

Pendant que s'accomplissait cet acte de la plus téméraire bravoure, les administrations du chef-lieu des Vosges mettaient à profit le temps qu'il leur procurait, pour sauver les valeurs de la recette générale et les papiers les plus importants de la préfecture. C'est ainsi que le préfet et plusieurs chefs de ses bureaux, d'autres fonctionnaires, et environ 400 blessés français venus de la Bourgonce, et enfin les employés et le matériel du chemin de fer purent être dirigés sur nos villes non encore envahies, ou même sur la Haute-Saône.

Les Prussiens venaient d'avoir à Epinal, comme à Rambervillers, dans un combat regulier, un nombre relativement élevé de morts et de blessés : on n'a jamais bien connu ce nombre. Le dépit qu'ils ressentirent de ces pertes, joint à leur orgueil violemment froissé, excita au plus haut point leur fureur. Un moment ils songèrent à bombarder la ville. Les murs du cimetière, où s'étaient établis quelques gardes nationaux, furent fortement endommagés par leurs boulets et leurs projectiles qui y firent plusieurs brèches, y mutilèrent des arbres, des tombes, et pénétrèrent jusque dans la demeure des morts. Leur mitraille arriva même sur la ville et jusque sur la gare.

Ils avaient fait, à Failloux et ailleurs, douze prisonniers ; ils les accablèrent de brutalités, menaçant à chaque instant de les fusiller, les insultant grossièrement, leur arrachant la barbe, les frappant des mains, des poings, des pieds, des crosses de leurs fusils ; et ces traitements barbares, ils les exercèrent non-seulement sur le champ de bataille et immédiatement après l'action, mais encore en route, à Deyvillers, à Charmes, à Nancy, et jusqu'en Allemagne, où ils conduisirent leurs captifs et leur firent subir pendant plusieurs jours les plus dures privations. On se refuserait à croire de telles choses, si elles n'étaient prouvées par le témoignage irrécusable de ceux mêmes qui eurent à les endurer, sans oser proférer une seule parole pour s'en plaindre.

Neuf de nos hommes avaient été blessés dans, le combat, six y perdirent la vie. Ce ne fut que le surlendemain, 14 octobre, que les parents de ces derniers et la police, après plusieurs démarches auprès des chefs Prussiens, obtinrent enfin la permission de donner la sépulture à ces victimes restées deux jours et deux nuits sur le terrain, exposées à tous les outrages. On constata que ces infortunés, tués par les balles ennemies, avaient eu, après leur mort, le corps transpercé, lardé de coups de baïonnettes, et chose plus indigne encore, on avait vu plusieurs fois des soldats ennemis cracher sur la figure et arracher la barbe de ces cadavres, dans le cimetière même où ils étaient étendus. Est-ce ainsi, nous le demandons, qu'auraient dû être traités des citoyens morts en défendant leur patrie, et plus que cela, le sol natal, leurs foyers domestiques?

III. LES PRUSSIENS A ÉPINAL

Après avoir donné, à l'aide de renseignements d'une fidélité incontestable, ces détails précis sur le combat d'Epinal, je continue mon récit.

En même temps que les coups de canon éclataient sur le cimetière, l'ennemi irrité prenait ses dispositions pour bombarder la ville, si la résistance se fût prolongée.

C'est peut-être par suite de *l'initiative* de la supérieure du pensionnat, sœur Amélie, et de la mienne, que la ville doit d'avoir échappé à ce bombardement, et voici comment. Comme je me trouvais dans la rue avec sœur Amélie, et que nous venions d'apprendre que des éclats d'obus étaient tombés au faubourg d'Ambrail et sur la place de Grève, nous nous disons : « Quel moyen y-a-t-il d'empêcher les hostilités, puisque la ville ne peut plus se défendre ? » D'un commun accord, nous convenons d'aller à la préfecture demander ce qu'il y avait à faire. La préfecture était vide depuis onze heures du matin ; il n'y avait plus que le concierge : nous lui demandons s'il peut nous donner un drapeau blanc ; il répond que l'hôtel n'en a pas. En sortant, nous rencontrons M. Perrin, ancien président du tribunal ; nous le prions, nous le *supplions* de faire des démarches afin d'empêcher le bombardement. Sa réponse fut qu'il n'était plus rien et qu'il ne voulait ni ne pouvait faire ce que nous désirions. Alors nous lui demandons : « A qui pouvons-nous donc nous adresser ? — A personne, nous dit-il ; d'ailleurs, il n'y a plus en ville aucune autorité que le maire : voyez-le si vous voulez. » Nous courons à la mairie, mais nous avons peine à nous ouvrir un passage pour arriver jusqu'au maire, tant la foule était grande autour de l'hôtel de ville, et même à l'intérieur. Ce fut la supérieure qui prit la parole ; elle dit : « Monsieur le Maire, prenez donc au plus vite des mesures pour empêcher le bombardement et tout autre malheur, puisque la ville est dans l'impossibilité de se défendre. — Que voulez-vous que je fasse, dit-il avec une espèce de brusquerie ? — Eh bien, répondit la religieuse, arborez un drapeau blanc sur le clocher, nous prêterons un drap qui en tiendra lieu. » Notre proposition fut acceptée, et, immédiatement, un drap de lit fut porté au som-

2

met de la grosse tour de l'église par MM. Régnier, Humblot et Poitresse (1).

Un quart d'heure à peine s'était écoulé qu'un parlementaire prussien arrivait à toute bride à la mairie. Après deux minutes d'entretien avec le maire, il vit que la population était plutôt effrayée que désireuse de se battre, et retourna à son poste pour rendre compte de sa démarche et empêcher les mesures extrêmes. Les officiers ennemis ne laissèrent pas ignorer, plus tard, que sans cette précaution prise d'arborer le drapeau blanc, qui annonçait des dispositions pacifiques, la ville eût inévitablement été bombardée, tant était grande

(1) Voici l'attestation de ce fait par sœur Amélie :

« Le 12 octobre 1870, jour de l'arrivée des Prussiens en notre ville d'Epinal, pendant qu'ils bataillaient vers Failloux, Madame Baudouin et moi sommes allées à la commune trouver M. Kiener, maire de la ville, pour le supplier en grâce de faire arborer le drapeau blanc, afin de faire terminer au plus vite les hostilités, car on avait tout à craindre que les quelques gardes nationaux qui marchaient si résolûment contre l'ennemi ne fussent écrasés par le grand nombre.

M. le Maire a bien voulu céder à nos pressantes sollicitations, et aussitôt a donné des ordres en conséquence.

» Quelques instants après, M. Humblot et deux de ses voisins, M. Poitresse et M. Régnier, recevaient de M. le curé Constant un drap de lit (pour tenir lieu de drapeau), qu'ils sont allés poser sur la tour de l'église.

» Ces Messieurs sont redescendus promptement, car ils avaient à craindre d'être atteints par les balles qui sifflaient autour d'eux.

» Un moment après, tout avait cessé : les Prussiens entraient en ville. D'après l'aveu de quelques chefs, sans ce drapeau, la ville allait être bombardée : déjà les mèches étaient prêtes.

Sœur Amélie HUMBERT.

» Les soussignés affirment que le rapport ci-dessus, fait par la sœur Amélie, est l'exacte vérité.

» Epinal, le 23 avril 1874.

HUMBLOT, POITRESSE. (M. Régnier avait quitté Epinal).

l'irritation qu'ils avaient ressentie de la résistance de la garde nationale. Ce qui est certain, c'est que de nombreux hulans étaient déjà sur le plateau de la Justice et que des canons y furent installés aussitôt, en vue de la ville, prêts à la mitrailler au moindre mouvement d'une nouvelle résistance. Pendant plusieurs mois, ces canons restèrent là silencieux, mais toujours menaçants.

Vers quatre heures, le corps d'armée du général Werder fit son entrée en ville par le faubourg Saint-Michel. Les premiers groupes arrivèrent bientôt sur la place et en face de l'hôtel-de-ville. Au bas de la côte du cimetière, un ancien zouave venait d'être victime de son audace : une imprudence aussi irréfléchie fut la cause d'un nouveau malheur. En pénétrant dans la rue des Halles, les Prussiens entendirent un coup de fusil, qu'un individu éperdu venait de tirer par le soupirail d'une cave. Ne sachant d'où venait cette détonation, ils crurent que l'agresseur était un jeune employé des contributions indirectes qui sortait de la maison au même moment, et sans autre motif, sans autre preuve, ils fusillèrent brutalement l'infortuné et innocent jeune homme, à la plus grande stupéfaction de tous les spectateurs; ensuite, pénétrant dans la boutique de la modiste, de chez qui il sortait, ils y trouvent le mari M. Jacoby, le frappent de plusieurs coups de sabre, le trépignent et le laissent pour mort. Il fut transporté à l'hôpital, où, malgré les soins les plus dévoués, il était encore dans son lit trois mois plus tard. Après six mois de souffrances atroces, il se traîne à peine, et n'aura jamais plus de santé.

Cela fait, ces barbares brisèrent la devanture du magasin en des milliers de morceaux, mirent le tout au pillage, jetèrent dans la rue les petits meubles tels que chaises, fauteuils, tables, ainsi que les vêtements, les rubans, tout ce qui composait l'avoir de la pauvre modiste, s'emparèrent du linge pour eux, et brisèrent sur place les gros meubles, de manière à ne laisser intacts que les murs et les planchers. J'ai vu une armoire à glace dont il ne restait plus que la *carcasse;* le reste était complètement detruit (1).

Après ce bel exploit, digne de vrais Vandales, les ennemis se répandirent dans toutes les rues de la ville, en s'emparant des logements, mettant au pillage une partie des cafés, des boutiques de mercerie, etc. Chez les charcutiers, ils ne laissèrent rien ; ils brisèrent même, sur la place des Vosges, la devanture de la maison du nommé Rivot; un de leurs soldats cassa, d'un coup de poing, deux dents à la fille de ce dernier qui voulait s'opposer à leur dévastation ; un autre tira, mais sans l'atteindre, un coup de révolver sur M. Rivot qui avait voulu sauver la moitié d'une bande de lard, en la portant dans l'arrière-magasin. Voilà des faits récents et bien connus de tous, et dont l'*exacte vérité* ne peut être mise en doute.

Le lendemain de ce jour néfaste, les Prussiens se rendirent au petit Champ de Mars, derrière le Cours, où se trouvait leur matériel de guerre. Là, ils détruisirent, sans doute pour le plaisir de faire

(1) Il paraît que plus tard, le préfet prussien, M. Bitter, ayant reconnu l'injustice de la brutale agression dont M. Jacoby avait été victime, lui fit accorder une indemnité.

le mal, les trois quarts des arbres d'une nouvelle promenade qui longe le bord de l'eau, depuis le Cours jusqu'au pont de péage. Cette plantation était faite seulement depuis quelques années, mais promettait de donner bientôt de l'ombrage. Ils coupèrent les arbres, les uns à un demi mètre du sol, les autres à un mètre ; ils en laissèrent quelques-uns sans y toucher, et par *méchanceté*, vraisemblablement, parce qu'il vaudrait mieux qu'ils fussent tous *anéantis*, afin de pouvoir être remplacés par d'autres d'égales dimensions.

Voilà quelle fut, parmi nous, pour commencer, la conduite de ces envahisseurs. Aussi, à partir de ce moment, je les pris en aversion, en *horreur*, et, plus tard, toutes leurs cruautés que j'apprenais par les rares journaux que nous avions tant de peine à nous procurer, ou par ce qui se passait en ville, ne firent qu'augmenter ma haine pour eux.

Épinal fut, pendant tout l'hiver, témoin de bien des faits publics ou particuliers qui excitèrent parmi la population de très pénibles émotions. En présence de la force et même de la force brutale, il fallut tout subir sans se plaindre. Je n'entreprendrai point le récit de toutes nos souffrances en ces temps de cruelles épreuves sans cesse renouvelées, où nous avions constamment à loger, nourrir et supporter à notre foyer, des ennemis nombreux ; où nous ne pouvions faire un pas dans les rues sans les rencontrer ; où nous entendions à chaque heure leurs chants, leurs cris, souvent leurs menaces ou leurs orgueilleuses et méprisantes injures à l'égard de notre chère France humiliée, trahie, abandonnée, et ruinée par toutes sortes de réquisitions.

Cependant, je m'arrêterai sur une chose qui, plus que toute autre, vint, à plusieurs reprises, exciter notre douloureuse compassion : ce sont les mauvais traitements dont étaient victimes les malheureux Français, soldats ou simples particuliers, faits prisonniers par les Prussiens, soit dans les combats, soit dans les villes ou dans les villages pour avoir résisté à des exigences excessives. Il n'y a pas un seul habitant de la ville qui n'ait frémi de douleur à la vue de ces prisonniers, des souffrances et des privations qu'on leur faisait endurer par les froids les plus rigoureux, avec une inhumanité indigne de toute nation civilisée. En France, nous ne connaissions pas ces barbaries, et nous renierions nos compatriotes s'ils pouvaient jamais en commettre de semblables. Elles mirent le comble à mon indignation, et sous cette influence, je pris la hardiesse d'écrire au commandant prussien, pour demander de faire cesser ces brutalités, ces tortures indignes. Voici la copie exacte de ma lettre datée du 15 janvier 1871.

« Monsieur le Commandant,

« Je viens vous faire part de faits que vous ignorez peut-être. Dimanche dernier, notre pauvre » ville d'Epinal a été émue et indignée en voyant » arriver 17 prisonniers, couchés sur un peu de paille, » mourant de froid et peut-être de faim, pieds et » poings liés. Il est certain que ces malheureux » n'arriveront pas vivants à destination, s'ils sont » laissés dans l'état honteux où vos barbares soldats » les ont mis. Ils venaient de Dombrot, village situé » à l'extrémité du département des Vosges. Quel

» était le crime de ces infortunés ? D'avoir, suivant
» leur droit et leur devoir, courageusement défendu
» le sol natal contre des envahisseurs, contre des
» barbares.

» Et vous osez, Monsieur le Commandant, pré-
» senter un pareil spectacle à une ville que vous
» ruinez, qui vous reçoit trop bien, et fait pour
» vos soldats, qui sont exigeants et pas bons, ce
» qu'aucun peuple ne ferait (ici c'est l'expérience
» qui parle). Croyez-moi, Monsieur le Commandant,
» pendant que la partie n'est pas encore *gagnée*,
» agissez, envers nous et envers vos malheureux
» prisonniers, avec plus de douceur et d'humanité :
» Dieu et l'histoire vous en tiendront compte.

» Autre fait non moins blâmable : dernièrement
» un des vos officiers refusait brutalement de donner
» du vin à des prisonniers français qui étaient de
» passage dans la ville, et qui couchaient à l'*asile*.
» Ce vin ne vous appartient cependant pas, c'était
» bien le nôtre, et nous n'avons pu en dispo-
» ser pour ces infortunés que vous traitez avec
» un raffinement de barbarie qui n'est plus de
» nos mœurs, ni de notre temps. On vient de me dire
» que, hier encore, votre police faisait arrêter le plus
» honnête homme, non-seulement de notre ville,
» mais du département, (M. Danican). Qu'a-t-il
» donc fait ? je l'ignore, probablement rien du tout.

» Je ne suis qu'une femme, et malheureusement
» trop âgée, sans cela, je me serais enrôlée dans une
» compagnie de volontaires, pour aller faire le *coup
» de fusil*, et tuer le dernier Prussien, s'il eût été
» possible, mais en bataille rangée. Voilà comme

» je vous aime, et voilà aussi comme j'entends la » guerre, mais non comme vous la faites.

» Soyez sûr, Monsieur le Commandant, qu'un » jour, qui n'est peut-être pas éloigné, vous aurez » de terribles comptes à nous rendre.

» En attendant, j'ai bien l'honneur de vous saluer.

» Julie BAUDOUIN,
née PETITJEAN. »

Cette lettre, où je n'avais pas indiqué mon adresse, n'eut point de réponse. J'ai conservé la conviction que le Commandant, si son éducation était convenable, ce que devrait comporter son grade, comprit que les rigueurs excessives infligées à de pauvres captifs ne pouvaient faire honneur à son pays.

Je ne sais si d'autres que moi cherchèrent à s'interposer directement en faveur de nos infortunés prisonniers, mais je connais toute la peine qu'éprouvèrent plusieurs fois des personnes respectables qui purent les voir, gémir et pleurer sur leur sort, sans pouvoir, dans de tristes moments, leur venir en aide, ni fléchir la dureté de leurs impitoyables geôliers.

LETTRE AU PRÉFET

On conçoit combien de malédictions provoquaient de telles inhumanités, quelles haines surtout elles excitaient. Dans les premiers jours de mars, mon irritation était arrivée à un tel point qu'elle dut éclater de nouveau.

Ma patience était à bout depuis longtemps déjà, par suite de tout ce que j'avais souffert pendant l'hiver, et moralement, et physiquement et pécuniairement. Enfin la coupe était pleine, il fallait qu'elle débordât, et voici à quel propos ce débordement eut lieu.

J'ai un frère, notaire à Saint-Loup, (Haute-Saône), à qui, depuis l'invasion de notre ville, j'avais écrit *sept fois*, par la poste prussienne, en affranchissant toujours; aucune réponse ne m'arrivait, et j'appris enfin par un commissionnaire que pas une seule de mes sept lettres n'était parvenue à son adresse. Presqu'en même temps, j'appris, un beau matin, que la petite ville de Saint-Loup avait été mise au pillage, pendant trois heures, par les Prussiens. Cette nouvelle était fausse, mais j'y crus, sans avoir même la pensée d'en douter. Alors mon irritation, ma colère, mon exaspération n'eurent plus de bornes, car je me trouvais en outre sous l'impression humiliante de la paix honteuse que notre pauvre France venait d'être obligée de signer.

Sans consulter mon mari, sans réfléchir aux conséquences terribles qui pouvaient résulter de l'imprudence que j'allais commettre, j'eus, dans ce moment d'irritation et d'irréflexion, la malencontreuse inspiration d'écrire au Préfet prussien d'Épinal, pour lui reprocher le détournement des lettres écrites à mon frère, et dont les frais de port avaient été perçus; j'ajoutai à cela tout ce que j'avais amoncelé de *fiel* pendant tout l'hiver contre les troupes prussiennes, et notamment contre leur chef, le roi Guillaume, contre sa dureté, contre les rigueurs excessives qu'il permettait, ou même qu'il ordonnait envers les malheureux Français.

Je rapporte ici la copie exacte de cette lettre qui, fort heureusement pour moi, fut écrite et envoyée pendant *l'armistice*, parce que si elle l'eût été un mois plus tôt, j'aurais été inévitablement fusillée sur le champ, sans merci ni pitié.

Lettre adressée au Préfet prussien d'Épinal, le 4 mars 1871, et qui m'a valu 4 mois et 4 jours de prison dans la maison d'arrêt de Nancy.

« Epinal, rue des Forts, 2, ce 4 mars 1871

» Monsieur le Préfet,

» J'ai à me plaindre très-amèrement de la poste » prussienne. Comment! voilà sept fois que j'écris » à un frère qui est notaire à Saint-Loup (Haute-» Saône), et chose incroyable, pas une de mes » lettres ne lui est parvenue; cependant les unes » sont parties sans être cachetées, et elles ont eu » le même sort que les autres. Vous conviendrez, » Monsieur, que nous sommes déjà assez mal-» heureux d'être privés de journaux qui nous » tiendraient au courant de notre pauvre situa-» tion, sans nous priver encore de correspondre » avec ceux qui nous sont chers.

» Il faut avouer que nous sommes *pressurés* » avec un raffinement de cruauté qui n'est connu » d'aucune époque.

» Pourquoi donc nous tant faire souffrir? nous » qui vous avons trop bien accueillis à votre » arrivée ici. Votre fameux Guillaume, (le diable

» veuille bien avoir son âme!) est non-seulement » *assassin et incendiaire*, puisque ce qu'il ne » passe pas par les *armes*, il le passe par les » *flammes*, mais encore voleur sur une grande » *échelle*. Comment! on espérait que pendant » l'armistice, tout mouvement serait interrompu, » et que nous aurions un peu plus de *liberté*; » mais, c'est tout le contraire qui est arrivé, » puisque depuis ce moment vous avez *osé* faire » faire des coupes dans nos bois pour les transporter en Prusse, parce que personne n'a » *voulu* vous les *acheter*; et vous avez poussé » le *cynisme* jusqu'à obliger nos malheureux » paysans à vous amener ce bois jusqu'à la gare. » Ah! c'est vraiment par trop *accabler* les *vaincus*. » Mais il faut bien espérer qu'un jour, *Dieu* aidant » et nos *soldats*, nous prendrons notre revanche, » et vous le rendrons avec *usure*.

» Nos maisons qui étaient si propres à votre » arrivée ici, ne ressemblent plus aujourd'hui » qu'à des écuries, tant elles ont été saccagées » par vos sales soldats qui, avec cela, les ont » remplies de vermine.

» Je ne parle pas de nos belles promenades, » qui sont abîmées pour longtemps, puisque pour » le plaisir de faire le mal, vos féroces troupiers » ont coupé la nouvelle plantation du bord de » l'eau.

» Une autre insulte qui nous est faite gratuitement tous les soirs, et que vous comprendrez » d'autant mieux qu'on vous dit *bienveillant*, et » pas du tout *Prussien*, ce sont les chants de vos » soldats dans les hôtels. S'ils avaient la déli-

» catesse de nos officiers, ils s'abstiendraient de » nous humilier en faisant ainsi de la musique » pour nous narguer, nous qui sommes déjà si » malheureux d'être obligés de vous *subir*. Pour » ma part, je vous avoue que je ne puis entendre » ces chants sans verser des larmes, et certes » je ne suis pas la seule à le faire.

» Si j'avais pu facilement avoir accès à la Pré- » fecture, je serais allée moi-même vous dire » verbalement ce que je me permets de vous écrire, » espérant que vous ferez droit à mes réclamations.

» En attendant, daignez, Monsieur le Préfet, » agréer mes hommages.

» Julie BAUDOUIN,
» née PETITJEAN. »

Cette lettre, comme on le suppose bien, suffit pour déterminer mon arrestation qui eut lieu le 11 mars 1871, à 7 heures du matin. Le soir du même jour, je fus *incarcérée* dans la maison d'arrêt de Nancy.

Lorsque le préfet prussien eut reçu ma lettre, il m'envoya chercher par un de ses gendarmes, pour lui rendre compte de ma fameuse missive. Je le répète, si elle eût été écrite un mois plus tôt, on m'aurait fusillée.

J'arrivai donc, guidée par mon *compagnon*, dans le cabinet de ce magistrat, avec la conscience d'une personne qui croit avoir fait son devoir, c'est-à-dire sans peur, sans crainte, et cependant sans hardiesse.

Tout en me voyant, ce singulier Préfet me dit

avec colère : « Approchez, Madame. » Je m'approchai en effet d'une grande table sur laquelle se trouvait une lampe (il était nuit) qui éclairait une feuille de papier étendue. — « Est-ce bien vous, Madame, qui êtes l'auteur de cette lettre ? me dit-il ». — Je pris mes lunettes avec calme, malgré la brusquerie avec laquelle j'étais accueillie ; je jetai un coup d'œil, et reconnaissant ma lettre, je répondis : — « Oui, Monsieur, c'est bien moi. » — Mais, c'est infâme, dit-il, ce que vous avez écrit contre notre *Empereur et Roi !* Si vous étiez un homme, je ne sais ce que je ferais ; mais votre sexe ne vous mettra pas à l'abri d'un *sévère* châtiment auquel je vais aviser. » — Alors, je lui dis : « Comme il vous plaira, Monsieur. »— Cependant, ajoutai-je, vous conviendrez que nous souffrons tant, depuis si longtemps déjà, et sous tous les rapports, que ma patience était à bout. Voilà le motif qui m'a déterminée à oser vous écrire ce que tout le monde dit et pense. — Madame, me dit-il encore, il serait à désirer pour la France que votre Empereur eût valu notre Roi, votre patrie ne serait pas aujourd'hui dans l'état où elle se trouve. » Je ne devais pas répondre à cet éloge de l'ennemi de la France; cependant je ne pus m'empêcher de faire un signe où l'on aurait facilement vu plusieurs arrière-pensées bien justifiées, mais sans m'humilier et sans me *rétracter* sur ce que j'avais écrit, bien entendu, car si j'avais eu assez de lâcheté pour le faire, il est certain que j'aurais obtenu ma grâce sur-le-champ, et que ma lettre m'aurait été rendue. Grâce à Dieu, je n'ai pas eu cette faiblesse de femme, et je m'en félicite, malgré tout ce que j'ai souffert pendant ma longue réclusion.

Une heure après mon retour chez moi, le Préfet m'envoyait deux soldats prussiens à loger dans notre salle à manger, et à nourrir à nos frais. Ces soldats n'étaient autres que des gardiens (comme je l'appris plus tard), qui avaient reçu ordre de me surveiller, en attendant que le gouverneur de Nancy, à qui le Préfet avait envoyé ma lettre, décidât de mon sort. Cette décision se fit attendre huit jours. Je me doutais bien, d'après la menace qui m'avait été faite, de ce qui se tramait et de ce qui m'est arrivé.

Ce ne fut que le lendemain de ma visite forcée au Préfet, alors que nous avions déjà les soldats gardiens, que j'osai raconter toute mon aventure à mon mari et à mon frère, notaire à Bruyères, venu pour nous voir. Je leur montrai même une copie de la fameuse lettre qu'ils trouvèrent un peu extravagante, mais dont ils ne firent que rire, parce que tous les deux m'aiment beaucoup, et que tous les deux aussi supposaient que je n'aurais d'autre punition de ma sortie contre le Guillaume, que celle de nourrir, à mes frais, pendant quelque temps, les deux soldats qu'on m'avait envoyés. Malheureusement, il n'en fut pas ainsi. Le huitième jour, on m'envoya deux autres Prussiens qui, avec les deux premiers, devaient passer la nuit chez nous, et cela par ordre du Préfet, me dirent-ils.

A la vue de ces nouveaux gardiens, je ne doutai plus un instant que je serais arrêtée sous peu ; j'en avais même été prévenue par une dame. J'aurais certainement pu m'évader, malgré mes quatre geôliers, si je l'avais voulu ; mais je fis cette réflexion que ce serait montrer de la lâcheté de chercher à me soustraire, par une évasion, à la *justice des Prussiens !* Puisque, me disais-je, j'ai eu le courage et la satisfaction de leur dire de dures vérités, que personne n'a osé exprimer hautement, j'aurai aussi, je l'espère, assez de force et de cœur pour supporter bravement les conséquences de ma témérité. Et, en effet, c'est ce que j'ai fait, avec résolution, et sans avoir jamais faibli un instant devant les impitoyables ennemis qui se disaient mes juges.

Je suis d'une singulière nature que je n'explique pas moi-même. Par exemple, les petites peines m'écrasent et m'abattent : je pleurerai au récit d'un racontage de vieille femme, m'impressionnant pour des riens, tandis qu'à l'annonce d'une catastrophe, je reprends mon énergie, et je supporte courageusement, même sans verser une larme, les plus fortes épreuves, les peines les plus sensibles. Je ne doute pas qu'avec un pareil caractère, j'eusse fait un excellent *soldat* ; aussi, toute ma vie, j'ai regretté de n'être pas un homme, et je crois que c'est peut-être à ce regret qu'est due mon antipathie pour mon sexe. Jamais je ne cherche la société des femmes ; je la subis parce qu'il le faut, mais j'y trouve bien rarement de l'agrément ; le plus souvent, je n'y rencontre que de la malveillance, l'esprit de jalousie y dominant presque toujours. La conversation des femmes, mêmes les plus sensées, arrivera toujours sur la toilette qu'a portée ou que portera une telle, et il est bien rare si l'on n'ajoute pas : comment fait-elle ? et comment peut-elle porter cette toilette? On ira même jusqu'à critiquer son ameublement, son intérieur, par trop luxueux pour sa fortune, et ainsi de suite. Ce langage futile me déplaît souverainement, et il m'est arrivé bien des fois, en rentrant chez moi, de me dire : « A l'avenir, je ne sortirai plus souvent, » car je ne trouve rien de plus bas et de plus petit que d'envier et de jalouser le bonheur d'un voisin, et cependant rien n'est plus commun. Il y a un proverbe qui dit qu'*on est mauvais juge dans sa propre cause;* je ne crois pas avoir ce défaut, je voudrais au contraire que tout le monde fût plus heureux que moi; enfin, ceux qui me connaissent et qui me liront, apprécieront.

MON ARRESTATION.

Je reviens à mon sujet. Le 11 mars, à 6 heures du matin, on vint sonner à notre porte. Mon mari se lève et va ouvrir. C'était un soldat prussien qui, depuis deux mois, logeait chez un des locataires de la maison, et qui, depuis la veille, avait ordre du préfet Bitter, de m'avertir à six heures, d'être prête pour sept, m'accordant, en Prussien bien né, une heure pour me préparer! L'heure précise de 7 heures était fixée où les gendarmes devaient venir me prendre pour me conduire à la prison de Nancy.

De mon lit, j'entends mon arrêt. Je me lève aussitôt, sans verser une larme, sans sourciller, sans même montrer la moindre émotion à tous les gens de la maison, accourus auprès de moi à l'annonce de cette nouvelle. Avant sept heures, j'étais prête, j'avais même pris mon café.

Alors, deux gendarmes prussiens, ne comprenant pas un mot de français, arrivent avec un interprète qui, sans ordre écrit, me dit verbalement d'avoir à remettre, *tout de suite,* 80 francs à ces gendarmes qui devaient me conduire en prison. Je ne sais pourquoi, mon mari et moi, nous eûmes la sottise de donner cette somme. Jamais on n'a vu, sans doute, pas plus en Prusse qu'en France, ni chez aucune autre nation, payer les gendarmes pour vous mener en prison. Je crus même longtemps que la berline sur laquelle on me força à monter pour ce voyage était une voiture de réquisition fournie par la ville; mais, paraît-il, les Prussiens se l'étaient eux-mêmes procurée.

Le 26 juin, j'écrivais à ce sujet, au Commissaire civil de Nancy, une lettre à laquelle il répondit ce qui suit :

« Le Commissaire civil de Nancy pour l'armée Alle- » mande. Ce 29 juin 1871. — Madame, — En réponse à » votre lettre du 26 du mois courant, je vous fais savoir » que la voiture en question n'a pas été fournie par la » ville d'Épinal, qu'elle a été payée réellement par les » gendarmes, et que vous n'avez pas à vous plaindre » de votre procès, étant légèrement punie.

» Vous n'avez pas le droit d'être traitée selon les lois » françaises, parce que vous vous êtes fait juger par » le tribunal militaire allemand.

» Recevez, Madame, l'assurance de ma considération.

» *Le Commissaire civil Impérial*,

» Signé : BITTER. »

» A Madame Julie Baudouin, née Petitjean,
à Nancy, maison d'arrêt. »

Après avoir versé les 80 francs, dont il nous fut remis une espèce de quittance, d'une écriture aussi illisible qu'incorrecte (1), je montai dans cette voiture qui appartenait au Receveur général. Une partie des gens du quartier étaient présents et paraissaient tous consternés de l'étrange mesure

(1) Copie de l'original :

QUITTUNG.

80 frank.

Büchsteblich achtzig Frank von eine ziveispœnnige Cheise von post : Wegen von Épinal bis Nancy von Herra Baudoins dahier am heutigen Tage rechtig erhalten zu haben bescheinigt.

Épinal am 11 marz 1871.

SCHNEIDER,

S. P. 2ttn gendarm.

Signification, plutôt que traduction, de ce langage.

« Quittance. — 80 francs. — Je soussigné reconnais avoir reçu de M. Baudouin, aujourd'hui 11 mars 1871, la somme de 80 francs, pour la route (le voyage) d'Epinal à Nancy, avec une voiture à un cheval et le conducteur. »

SCHNEIDER, 2me gendarme.

que l'on prenait contre moi. Une ancienne amie qui se trouvait sur la chaussée, à 15 mètres de la voiture, me regardait, en causant avec une dame de notre maison; elle n'eut pas même la générosité de venir me tendre la main. J'aurai peine à oublier ce procédé de mauvais goût; cependant il ne me fera pas dire comme l'impératrice Eugénie, une heure avant de quitter les Tuileries : « Il ne faut pas être malheureux en France! » : sous ce rapport, je puis avouer que, dans mon infortune, j'ai rencontré beaucoup de sympathie, peut-être était-elle due aussi à l'aversion que tous nos compatriotes avaient pour ces impitoyables Prussiens.

L'heure du départ était arrivée. J'embrasse mon mari et différentes personnes qui se trouvaient près de la voiture; j'avais le sourire sur les lèvres tout en ayant le cœur un peu gros, mais sans en laisser rien voir à personne; je me plaçai dans l'intérieur de la berline avec un des gendarmes qui eut soin de mettre son fusil debout entre nous deux, (je suppose qu'il était armé); l'autre gendarme prit place sur la banquette du devant avec le postillon. Ce dernier n'était autre, je le dis avec honte, que le chef de la maison de *tolérance* d'Épinal! Ce ne fut heureusement qu'à Charmes, où il devait se faire remplacer par un autre conducteur, que j'appris qui il était. Il faisait un froid très-vif, mais cela n'empêcha pas le *rouge* de me monter au visage, et je me dis en m'efforçant cette fois de contenir mes larmes : « Ce n'était donc pas assez de m'avoir arrêtée publiquement, il fallait y ajouter l'*infamie*, en me donnant pour conducteur l'être dont le métier révolte tous les cœurs honnêtes. C'est là, certainement, la plus grande des humiliations que j'aie eues à supporter dans ma pénible détention.

A part cet ignoble traitement, je dois rendre justice à mes deux compagnons de voyage qui eurent, dans tout le trajet, toutes sortes d'égards pour moi. Par exemple, m'étant hasardée à montrer à celui qui était dans l'intérieur de la voiture, son arme, en lui faisant signe que je serais fusillée, le pauvre garçon crut que j'avais peur, et s'efforça de me démontrer, par des signes, que je ne devais pas craindre une chose aussi barbare, qu'elle n'aurait pas lieu. A chaque relais, il me faisait de nouveaux signes, me demandant si je voulais me chauffer ou prendre quelque nourriture.

Je ne pris rien de toute la journée, qu'une tasse de café au lait qui me fut offerte bien gracieusement par madame Français, maîtresse d'hôtel à Charmes. Je lui serai toujours reconnaissante de l'accueil aimable qu'elle me fit, et de la peine qu'elle parut éprouver de me sentir entre les mains d'ennemis que, comme moi, elle haïssait souverainement. Au moment où je remontai en voiture, la rue était remplie de monde, pour me *voir;* tous ces spectateurs paraissaient consternés et tristes ; je leur inspirais plutôt de la pitié que ce mépris qu'inspirent, même involontairement, les mots *arrestation*, *prison*, et cependant j'étais réellement prisonnière.

Un monsieur, d'une bonne tenue, s'approcha de la portière, et me dit : « Madame, vous êtes donc entre les mains des Prussiens? » Sur ma réponse affirmative, il me salua poliment en me tendant la main et, haussant les épaules, il se retira en me souhaitant une *bonne chance*. J'appris plus tard que cet homme bienveillant connaissait beaucoup mon mari.

A Flavigny, l'aubergiste et sa femme, que je n'avais jamais vus, paraissaient tellement irrités de la mesure prise contre moi, qu'ils en témoignaient hautement, et devant les gendarmes, toute leur indignation. Je fus même obligée de les prier de ne pas continuer, dans la crainte de leur voir arriver de la peine.

Enfin, on se remit une dernière fois en route pour Nancy. Nous arrivions à quatre heures du soir sur la place Stanislas, où était le tribunal militaire allemand, devant l'entrée duquel notre berline s'arrêta.

Je descendis de voiture pour monter aussitôt un grand escalier au haut duquel était la porte de la salle où m'attendait un juge inexorable qui me dit tout en me voyant, comme s'il me connaissait, et avec la *raideur* habituelle de l'accent tudesque : « Madame, vous avez calomnié d'une manière » infâme notre *Empereur et Roi!* qui est le meilleur » homme de l'Europe, et pour ce *crime* de *lèse-* » *majesté*, je vous enverrai un an dans une for- » teresse d'Allemagne, afin, ajouta-t-il, de donner » un exemple à ces fanfarons de Français qui n'ont » que la langue et qui ne savent que nous » menacer. »

Malgré la fatigue que j'éprouvais, j'avais écouté cette tirade sans sourciller, sans montrer la plus légère émotion, sans verser une larme bien entendu, parce que c'eût été montrer de la lâcheté que de pleurer devant un tel juge, qui, tout d'abord, m'avait inspiré la plus profonde répulsion, et que je voulais braver jusque dans mon infortune, ce qui ne m'a pas valu ses sympathies. Avant de me retirer, je lui répondis cependant : « Il est » malheureux pour vous, Monsieur le Juge, que vous » fassiez choix d'une femme pour l'exemple que vous » voulez donner à ces *fanfarons* de Français. » Je crois qu'il vit dans mon observation de l'ironie (il ne se trompait pas), parce qu'il me congédia avec une telle brutalité qu'il me serait impossible de la dépeindre, tout en m'assurant que le lendemain matin, je serais jugée, et que, le soir, il m'enverrait en Prusse.

En quittant le tribunal, on me conduisit à la maison d'arrêt, mais ce ne fut que le surlendemain, à 9 heures du matin, que je fus appelée pour entendre lire ma condamnation.

A 7 heures du matin, le 13 mars, pendant que je prenais, près du poêle de la cuisine, une tasse de café au lait, je fus prévenue que l'on viendrait me prendre à 9 heures, pour me conduire devant le juge. A l'instant, la réflexion me vint que je n'aurais pas de *défenseur* en présence de ce terrible juge qui voulait absolument m'envoyer en Prusse, chose que je redoutais affreusement, bien plus pour mon mari, mes deux frères les notaires et toute ma famille attristée, que pour moi-même qui ne le craignais pas du tout. Dans ce moment extrême, je résolus sur-le-champ d'écrire au Gouverneur une petite lettre pour ma défense.

Je croyais qu'il serait présent à un jugement auquel on paraissait ajouter une si grande importance : je me trompais, il ne s'y trouva pas. Voici cette lettre.

« Monsieur le Gouverneur,

» Lorsque j'ai eu le malheur d'écrire à M. le
» Préfet prussien d'Épinal, le 4 courant, je me
» trouvais sous l'influence de cet *humiliant traité*
» *de paix* que la France venait de signer avec
» la Prusse. Feu ma mère était originaire de
» Thann (Haut-Rhin), où j'ai encore une partie
» de ma famille ; ceci vous explique, mieux que
» je ne pourrais le faire, le motif de mon exas-
» pération. Outre cela, depuis l'invasion de notre
» ville, j'ai tant souffert, pécuniairement, physi-
» quement et moralement, que depuis longtemps
» ma patience était à bout. Il n'y a peut-être pas
» de ville en France pour avoir été, comme Épinal,
» *écrasée* par les séjours et les passages de troupes.
» Et ce qui m'avait le plus profondément irritée
» encore, c'est la *retenue* de mes lettres à la
» poste prussienne qui en percevait le *port*, tout
» en les retenant.

» Voilà, Monsieur le Gouverneur, l'exacte vé-
» rité ; si elle ne me justifie pas, elle *atténue* au
» moins mes torts.

» En me condamnant, ce qui ne vous servirait
» à rien, vous porterez le deuil dans l'honorable

» famille à laquelle j'appartiens : c'est ce qui fait
» mon désespoir.

» En attendant votre décision, daignez, Monsieur
» le Gouverneur, agréer mes hommages.

» Julie BAUDOUIN,
» née PETITJEAN.

» Maison d'arrêt de Nancy, ce 13 mars 1871,
» 8 heures 3/4 du matin. »

Si je n'ai pas été envoyée en Prusse, comme j'en étais menacée, j'ai la certitude que cela est dû à cette lettre qui m'a servi de défenseur. Quand, en arrivant dans la salle du tribunal, je n'y vis pas le Gouverneur, je présentai ma lettre au juge Pugy ou Pugé, (je n'oublierai pas ce nom, trop connu aussi des infortunés habitants de Fontenoy); il en regarde avec colère la suscription et me la rejette en me disant : « Ce n'est pas à moi. » Alors j'insiste pour qu'il l'ouvre, puisque le Gouverneur n'est pas présent. Il finit enfin par le faire, jette un coup d'œil sur les premières lignes puis la repousse avec brutalité devant le greffier. Celui-ci la prend, la lit attentivement et la repasse ensuite à l'impitoyable juge qui, cette fois, la parcourt tout entière. Après cette lecture, je vis que sa figure se déridait un peu, et qu'il ne me regardait plus fixement de ce regard terrifiant qui aurait effrayé toute autre femme que moi. Je suis persuadée que si cette lettre eût été envoyée avant le jugement rendu (il était tout écrit lorsque j'arrivai), j'aurais été condamnée moins rigoureusement. Enfin, on me lut ce jugement; il était moins sévère que la menace : il me condamnait à TROIS MOIS DE PRISON ET 500 FRANCS D'AMENDE, et à deux mois de prison en plus, si je ne payais pas l'amende, toujours avec cette menace que l'on m'enverrait en Prusse. A partir de ce moment, cependant, je craignis moins ma translation en Allemagne (1).

(1) Quelques jours après, le préfet prussien des Vosges, faisait mettre dans le *Recueil* des actes administratifs, et dans le Journal, une note ainsi conçue :

« *Avis.* — Le 13 mars 1871, le tribunal spécial nommé » par S. E. le Gouverneur général à Nancy a eu à juger » la dame Baudouin, née Petitjean, d'Épinal, pour avoir » publiquement proféré des injures à l'adresse de sa » Majesté l'Empereur et Roi.

» Cette dame a été condamnée à un emprisonnement » de trois mois et à une amende de 500 francs, et, » en cas de non-payement de cette amende, à une pro- » longation de deux mois de prison. La condamnée subira » sa peine en Allemagne.

» Épinal, le 28 mars 1871.

» *Le Préfet Impérial*, BITTER »

Mon mari, M. Baudouin, justement froissé de l'accusation mensongère contenue dans cet avis, y répondit par la lettre suivante adressée au rédacteur du Journal.

« Épinal, le 5 avril 1871.

» Monsieur le Rédacteur,

» Dans le numéro de votre journal de ce jour, il est » dit que Mme Baudouin, d'Épinal, a été le 13 mars

Voilà les tristes péripéties par lesquelles j'ai dû passer, seule, sans parents, sans soutien, enfin abandonnée totalement à mon malheureux sort, me trouvant obligée de lutter contre des ennemis irrités, sans merci ni pitié pour une femme dont le seul *crime* était de leur avoir dit trop librement la vérité. Non, non jamais, on ne devinera tout ce que j'ai souffert; il m'a fallu une force extraordinaire de caractère et de volonté pour supporter une pareille épreuve sans faiblir un moment, sans montrer le moindre regret à personne, sans

» dernier, condamnée par le tribunal prussien, séant à » Nancy, pour avoir *publiquement proféré des injures à » l'adresse de S. M. l'Empereur et Roi.* »

« Cette rédaction étant erronée et contraire aux faits, j'ai l'honneur de vous demander d'insérer la rectification suivante :

» Le délit qui a provoqué la condamnation de Mme Baudouin, est d'avoir adressé à M. le Préfet une lettre jugée outrageante pour Sa Majesté. Cette lettre n'a été *communiquée à personne*, et est restée *secrète* entre le destinataire et celle qui l'a écrite; aucun scandale n'a été recherché par l'auteur.

» Il y a loin de ce fait à celui d'injures proférées publiquement.

« Le caractère et l'honorabilité de Mme Baudouin suffiraient à faire justice de cette rédaction dans l'esprit de ceux qui la connaissent, j'ai néanmoins l'honneur de vous prier de vouloir bien accueillir ma protestation.

» Je suis avec respect, Monsieur le Rédacteur, votre très-humble et reconnaissant serviteur.

» BAUDOUIN. »

me plaindre même à mon mari, qui arriva à Nancy deux heures après mon jugement, et que je reçus toute souriante et avec un air heureux.

J'ai été huit fois en présence de mes juges, deux fois pour mon jugement, et six fois à la prison où ils sont venus me trouver pour me proposer de me rendre ma liberté, moyennant une rançon. Aux deux premières visites, ils me demandaient 2,000 francs; puis ils descendirent à 1,500 francs et à 1,000 francs; voyant que je n'avais nullement l'intention d'accéder à leur demande, ils me menaçaient de m'envoyer en Prusse. Chaque fois, je puis le dire, je les accueillis avec dédain, leur affirmant que jamais je ne leur donnerais un *sou;* que je resterais plutôt dix ans sous les verrous que de racheter ma liberté à prix d'argent; que d'ailleurs je ne serais pas *Française* si j'agissais autrement.

Le directeur de la prison (un vrai Français), m'a souvent félicitée de l'énergie, du courage que je montrais devant ces juges aussi avides qu'impitoyables.

Je n'ai eu que 40 heures de prison préventive. Eh bien! ces longues heures ont été pour moi un siècle. Ceux qui ont lu les *Derniers jours d'un condamné* par Victor Hugo, se feront facilement une idée de ce qu'est l'attente, l'incertitude cent fois pire que le mal. Aussi, je dirai toujours qu'il y a de la cruauté de la part des magistrats qui ne cherchent pas à abréger de tout leur pouvoir la prison préventive. J'ai vu, à la maison d'arrêt de Nancy, plusieurs détenus qui y étaient depuis 9 mois, d'autres depuis 6 mois, d'autres encore depuis 3 ou 2 mois, attendant toujours leur jugement. Il faut vraiment ne rien sentir, ne point avoir d'humanité, pour faire ainsi souffrir ses semblables, quelque coupables qu'ils paraissent. D'ailleurs, il arrive quelquefois que ces détenus sont innocents, c'est donc un puissant motif de plus pour faire cesser cette détention préventive qui confond l'innocent et le coupable, et qui, même pour ce dernier, est une peine presqu injuste, puisqu'elle ne compte pour rien dans la réparation que la justice exigera de lui. Ici, je parle en personne convaincue, car je sais maintenant combien l'attente d'un jugement est pénible, et combien j'ai souffert pendant mes quarante heures de prison préventive.

Je reprends mon récit. J'ai une telle aversion pour mes ennemis que, pour rien au monde, je ne consentirais à racheter ma liberté au moyen d'argent qui profiterait à ces Prussiens; malgré toutes les sollicitations qui m'ont été faites par ma famille, par mon mari et par de nombreux amis, de transiger avec eux, je m'y suis toujours refusée, préférant subir ma condamnation tout entière plutôt que de leur donner une obole. Lorsqu'après les visites dont j'ai parlé, ils virent qu'ils ne pouvaient rien gagner avec moi, ils me réclamèrent les 500 francs de l'amende qu'ils m'avaient infligée; mes réponses et mes refus obstinés furent tout ce qu'ils obtinrent. Leur dernière demande à ce sujet me fut faite au moment où l'on attendait l'amnistie qui fait toujours remise de l'amende en même temps qu'elle ouvre la prison. Je leur répondis que je n'avais pas d'argent à leur donner, et que si je n'étais pas amnistiée, je ferais les deux mois de prison qui m'étaient imposés à la place de la susdite amende.

VI. LA PRISON.

Le moment de mon entrée dans la prison avait été terrible. Il faisait un froid épouvantable, quoique l'on fût déjà au 11 mars. Je fus mise dans la plus belle chambre *pistolienne*, au 1er étage, bien exposée au soleil, mais avec une fenêtre grillée de barreaux de fer, dont l'appui est à deux mètres et demi du plancher, ce qui en rend l'aspect fort triste. Sous le rapport du confortable, cette chambre laissait aussi beaucoup à désirer : point de poële et aucune possibilité d'en mettre un, puisqu'il n'y avait pas de cheminée dans la pièce ; un petit lit en fer avec un matelas en crin végétal et un traversin du même produit, le tout dur comme une planche ; un carré en plume ; deux mauvaises couvertures de coton avec un soi-disant édredon dont l'enveloppe était rouge et dont le contenu n'était autre chose qu'une très-mauvaise plume de cuisine ; une table de nuit, une autre petite table de bois de chêne qui me servait en même temps de table à manger et de bureau ; trois chaises de paille; beaucoup de *puces,* quelques *punaises ;* la chambre blanchie à la chaux : voilà de quoi se composait tout mon ameublement. Point de glace, c'est un meuble défendu aux pauvres prisonniers. J'ai été un mois privée de ce meuble presque indispensable aux femmes. Un jour que je me plaignais de cette privation à mon mari, dans une entrevue que j'avais avec lui au greffe de la prison, il ne me répondit pas, mais alla sur-le-champ dans un magasin m'acheter un gentil petit miroir ovale de 8 pouces de haut sur 5 de large. Cette délicate attention me fit verser une larme ; aussi conserverai-je ce miroir comme un précieux souvenir de ma captivité, quoique j'aie bien autre chose pour me rappeler ce triste séjour.

Pendant les premières semaines, je fus obligée, pour me garder du froid, de me tenir une partie de la journée à la cuisine, près de l'énorme *fourneau* chauffé à la houille, qui sert à faire cuire la nourriture des deux ou trois cents individus détenus ordinairement dans cette immense maison d'arrêt. Cette pièce, bien peu commode, me servit aussi d'abord de salle à manger ; j'y ai même souvent écrit des lettres, la rigueur de la saison ne me permettant pas de les écrire dans ma chambre. C'est dans cette cuisine que je voyais, chaque jour, une partie des prisonnières ; elles y venaient chercher tantôt du café à dix centimes la tasse : quel café, mon Dieu ! tantôt autre chose ; presque toujours une sœur les accompagnait. Ces femmes étaient, pour la plupart des voleuses, ou des filles perdues que, presque tous les matins des sergents de ville amenaient pour quelques jours à la maison, ces dernières sans subir de jugement. Il me serait impossible de dépeindre ici ce que j'ai souffert dans les premiers temps, rien qu'à la pensée de me trouver dans le même refuge, sous le même toit que ces créatures avilies, méprisées et rejetées de la société tout entière : non, jamais on ne se fera une idée du mépris et surtout du dégoût que m'inspiraient de tels êtres. Ces peines morales blessaient au vif mon amour-propre, me brisaient l'âme. Y a-t-il quelque chose de plus terrible que de se trouver ainsi avec le rebut du genre humain?

J'étais, il est vrai, séparée de ces créatures par mon logement, et ma nourriture était différente de la leur mais malheureusement je les voyais encore trop, et toujours cette vue me rappelait péniblement le triste asile où je me trouvais. J'étais trop fière néanmoins pour dire un mot à qui que ce fût de ma souffrance; je voulais, en femme courageuse, supporter le tout sans me plaindre à personne, pas même à mon mari, ni à aucun de mes parents, et c'est ce que j'ai fait, avec une constance dont je ne me serais jamais crue capable.

Au moment où j'écrivais ces notes que je transcris seulement aujourd'hui, j'avais déjà plus de trois mois de séjour à cette maison, et si, à mon arrivée, on m'avait dit que je passerais un aussi long temps dans la demeure réservée aux vrais coupables, j'aurais répondu que la tâche était au-dessus de mes forces, et que je ne pourrais l'accomplir sans y succomber.

Malgré mon caractère et ma volonté de fer, je dois cependant avouer que j'ai eu des moments où mon courage faiblissait. Alors, j'allais à la chapelle, dont la porte d'entrée est tout à côté de ma chambre, et je priais Dieu pour ma délivrance, mais sans vouloir la solliciter ailleurs. Je priais aussi mon père, ma mère, mes deux frères et ma sœur, morts tous les cinq, je les priais, dis-je, d'intercéder pour moi auprès de Dieu; je demandais pardon à ces chers parents de l'étourderie que j'avais commise et qui devait causer tant de peine à mon mari et à toute ma pauvre famille. Après cette prière dite avec autant de ferveur que de confiance, parce que je ne prie jamais si bien que lorsque j'ai de la peine et que je me trouve seule ou à peu près isolée dans une église, je rentrais dans ma cellule avec l'esprit calme et la conscience tranquille au moins pour quelques moments.

Mais souvent mon imagination trouvait des motifs pour me tourmenter de nouveau, et c'était principalement dans les humiliations qui m'étaient imposées qu'elle les découvrait. Rien cependant ne me fit plus de peine que la vue continuelle des voleuses et des filles perdues que j'avais chaque jour devant les yeux; elles m'inspirèrent, dès le commencement de ma détention, tant de mépris et un si profond dégoût que la vie m'en était devenue insupportable. Le temps, qui est un grand remède à bien des maux, et la réflexion ont bien modifié ma manière de voir à l'égard de ces misérables créatures. Sans doute elles sont bien coupables; mais combien sont en quelque sorte condamnées en naissant, ou par suite d'une mauvaise éducation, par l'effet du milieu où elles sont forcées de vivre, à arriver ainsi dans une prison, et à y revenir successivement, même à y terminer honteusement leurs jours. J'ai vu une femme de 60 ans qui y rentrait pour la septième fois, et toujours pour des vols. Elle était voleuse, eh bien, c'était peut-être son unique défaut! Je puis dire que j'ai rarement vu une femme avec un aussi beau caractère; elle était bonne, affectueuse, reconnaissante jusqu'à l'excès, très-laborieuse; la supérieure l'avait choisie pour laver la vaisselle de la cuisine. Pendant plus de deux mois, ce fut elle qui m'apporta mon manger dans ma chambre ; je finis par en avoir compassion. Lorsqu'elle venait desservir ma table, elle était sûre que je lui avais laissé une partie de mon repas, avec un demi verre de vin ; souvent même je me privais pour avoir le plaisir de lui offrir quelque chose ; aussi, elle m'était tellement dévouée et tellement reconnaissante, que je pouvais laisser tout en évidence, sans craindre que son penchant naturel la portât à me soustraire le moindre objet. Ce malheureux penchant l'avait entraînée à voler bien des fois, mais des choses de peu de valeur : des légumes dans un jardin, des pommes de terre dans un champ. Sa dernière condamnation, six mois de prison pour récidive, était pour avoir volé un panier de pommes de terre, au commencement de l'invasion, alors qu'elle ne trouvait plus à s'occuper comme ouvrière. Il me semblait que la justice avait été sévère, en ne tenant pas compte des mauvais jours, et en appliquant une peine aussi rigoureuse pour un si petit larcin. Cette pauvre fille, qui s'appelait Thérèse, m'affirmait, en pleurant à chaudes larmes, que le manque d'ouvrage et de pain l'avait seul poussée à aller arracher, dans le champ d'un riche cultivateur, ce panier de pommes de terre, et que c'était ce méfait qui l'avait ramenée pour la *septième fois* sous les verrous ! Thérèse, imitant bien des femmes de sa condition, avait le défaut de priser ; elle gagnait peu en lavant la vaisselle, et elle ne savait pas faire d'ouvrages à l'aiguille, elle n'avait donc point d'argent pour acheter du tabac, chose d'ailleurs défendue par le réglement de la prison ; comme j'avais pleine liberté auprès des gardiens, je lui en faisais revenir par le portier, et ma pauvre infortunée en était heureuse.

Lorsque je quittai la prison, j'y laissai Thérèse qui pleurait toutes ses larmes en me voyant partir; j'étais émue moi-même, parce que je m'étais réellement attachée à cette malheureuse, tant il est vrai de dire que notre pauvre cœur dans l'isolement à besoin d'affection. Aussi, mon séjour en prison m'a-t-il fait comprendre que Sylvio Pellico avait bien pu s'attacher à une araignée, et l'aimer jusqu'à la pleurer lorsque son cruel gardien l'eut écrasée. J'eus encore occasion de vérifier par un autre fait ce besoin de sympathie que nous éprouvons, même pour des créatures inférieures. La supérieure de la maison avait un petit chat qui se laissait prendre ; quand je pouvais le porter dans ma chambre et le mettre dans mon edredon, j'étais contente et, avec cette pauvre petite bête, j'oubliais un instant mes misères. Mais toutes ces joies n'étaient qu'éphémères, et bientôt la réalité de ma triste position venait se représenter plus vive à mon esprit. Voilà cependant dans quelle cruelle situation je me suis trouvée pendant ma longue détention.

On vient de voir comment je m'étais habituée à voir Thérèse ; mon caractère finit aussi par s'amender au sujet des autres prisonnières. La répulsion qu'elles m'avaient inspirée d'abord se changea en pitié ; j'arrivai même à avoir pour elles de la bienveillance, de la bonté. Au lieu de les fuir comme je l'avais fait dès le commencement, je m'en rapprochai : j'aurais voulu pouvoir leur faire du bien. Chaque fois que je pus soulager les malades en leur procurant quelque chose, une tasse de café au lait, par exemple, ce qu'elles aimaient beaucoup, je le fis avec bonheur. Mon plus grand regret, en cette circonstance, était de n'avoir pas assez d'argent pour faire davantage, dans cette maison, en faveur de ces pauvres abandonnées. Ce regret, était, je l'avoue, plus fort qu'on ne le suppose. Voir beaucoup de bien à faire et ne pouvoir le réaliser qu'en petit, telle était ma situation. Sans remplacer ce que j'aurais voulu faire avec ma bourse, je m'efforçais cependant d'être utile au moins par de bons conseils, en cherchant à faire comprendre à celles qui voulaient m'entendre, qu'elles pouvaient, après leur sortie de prison, se réhabiliter auprès de bien des personnes de leur connaissance, si elles essayaient, par une vie honorable, de regagner l'estime publique. Elles m'écoutaient volontiers, parce que je leur parlais avec tous les égards d'une véritable sympathie, et j'avais fini par gagner leur confiance. Souvent je les ai quittées toutes consolées, disaient-elles, d'avoir vu la dame qui n'est pas prisonnière, puisqu'elle a la liberté d'aller partout dans la maison d'arrêt, sans que personne vienne s'opposer à ses démarches ou les contrôler. Aussi j'étais respectée et aimée de toutes ces malheureuses, et je suis certaine que plus d'une fois, elles m'ont regrettée.

Ces distractions, qui m'étaient permises, allégèrent souvent mes propres peines, elles ne pouvaient néanmoins me faire oublier celles que ma détention et mon éloignement causaient à mon mari et à tous les membres de ma famille, qui me prouvaient, par tous les moyens, leur plus généreux attachement. Il n'y avait peut-être pas un d'eux qui n'eût racheté de ses propres deniers ma liberté, si j'eusse voulu y consentir. Voici une preuve bien touchante de ce que j'avance. Un jour je reçus de mon bon frère de Saint-Loup, une délicieuse lettre dans laquelle il me disait : « Ma pauvre sœur, » si tu veux sortir de prison et payer la rançon qu'on » te demande, je t'enverrai l'argent nécessaire. Ce » sera entre *nous deux*, personne n'en saura » *jamais rien* ». Un peu plus tard, mon frère de Bruyères, animé des mêmes sentiments, me faisait les mêmes propositions. Comme on le suppose bien, j'étais sensible jusqu'aux larmes à ces marques d'affection ; mais j'avais trop de délicatesse pour accepter quoi que ce fût ; d'ailleurs, ce que l'on ne supposait peut-être pas, c'est que mon mari aurait soldé cent fois cette rançon, si je l'avais voulu ; il avait même un jour déposé la somme chez Mme la supérieure de la prison, pour le cas où je me fatiguerais d'une pénible réclusion qui durait depuis déjà plus de deux mois. Comme on peut en juger, les sympathies de ma famille, dans mon infortune, m'étaient largement acquises.

Ces propositions généreuses me furent souvent renouvelées et avec une insistance de plus en plus pressante. Au mois de mai, mon frère Edouard m'écrivait de Breuches-les-Faucogney, qu'il habitait : « Je ne veux plus que tu restes davantage » en prison.... il faut en sortir tout de suite. Dis- » moi ce qu'il te faut, je te l'enverrai immédiate-

» ment. » Et certes, il fallait qu'il tînt bien à moi pour me faire une telle offre, lui qui alors n'était plus *donnant*, excepté pour recevoir à sa table, car là il a toujours été grand et généreux. Ce frère chéri, hélas ! c'était la dernière lettre que je recevais de lui : nous ne devions plus ni nous parler ni nous revoir ! Sa mort, arrivée peu de temps après, plongea dans le deuil toute notre famille : ce fut une bien grande perte pour elle. Cet ami dévoué était à même de donner de bons conseils, et souvent il en donnait de très-utiles. Depuis quinze ans, il était suppléant du juge de paix de Faucogney ; dans ce poste purement honorifique, son esprit conciliant lui avait valu l'estime générale. Un discours prononcé sur sa tombe, par le juge de paix, rappela, en quelques mots, les qualités de cet homme de bien ; il mourait justement estimé, regretté de ses amis, mais surtout des malheureux de son modeste village. Pour ma part, je ne dirai rien de ce que je souffris en apprenant la triste nouvelle : c'était, on le conçoit, une profonde affliction à ajouter à celles qui m'accablaient déjà si cruellement. On me pardonnera, je l'espère, ces quelques détails qui concernent particulièrement ma famille ; une affection fraternelle bien légitime seule me les a dictés.

C'était dans ma prison que je recevais toutes ces nouvelles ; c'était là aussi que j'écrivais toutes ces notes, toutes ces impressions que je retrace ici. Je comprenais les insistances de mes parents ; j'aurais voulu, à tout prix, leur éviter les peines et les inquiétudes que leur causait ma situation ; mais il fallait me résigner à mon sort, puisque je ne voulais accepter de mes ennemis aucune transaction. Je serais resté dix ans entre leurs mains plutôt que de commettre la lâcheté de leur donner de l'argent pour m'en tirer. Malgré leurs menaces réitérées de m'envoyer dans une forteresse prussienne si je continuais à refuser de payer l'amende, je ne pensais pas qu'ils oseraient le faire. Ils le savaient, je le leur avais dit assez souvent, j'étais prête à partir plutôt que de céder.

Vous, mes biens chers parents, qui lirez, lorsque je ne serai plus, ce petit mémoire qui vous est destiné, vous jugerez seulement avec quel courage, avec quelle constance, la pauvre prisonnière a souffert. Je dois cependant vous avouer que malgré ma ferme volonté, j'ai senti quelquefois que cet effort continu sur moi-même de vouloir tout endurer était près de m'échapper. Ces défaillances toutefois n'ont jamais duré plus d'un instant, je me relevais aussitôt, et je reprenais courage. Il est même certain qu'après un certain temps de mon séjour à la prison, j'avais plus de santé, plus de vie et surtout plus d'énergie qu'en y arrivant. Il est vrai de dire que, pendant tout l'hiver, j'avais été tellement fatigué, comme toutes les ménagères d'Epinal, de préparer les repas des Prussiens logés à la maison, que ma santé en avait été ébranlée, en sorte que le repos forcé que je subissais à Nancy me remettait un peu de ces fatigues continuelles. C'était bien le cas d'appliquer le proverbe : « A quelque chose malheur est bon. »

D'après tout ce que j'ai dit de ma détention, on pourrait supposer que je n'avais guère à m'en plaindre. Ce serait par trop oublier ce qu'est une maison destinée à recevoir tout ce que la société a de plus abject, de plus criminel. Sans doute, je n'étais pas avec ces criminels, mais j'étais sous le même toit, et, trop souvent, ils me rappelaient leur présence. Tous les jours j'entendais le bruit des chaînes de sept forçats qui se promenaient dans un corridor voisin de la galerie où j'allais moi-même respirer l'air du dehors. Je ne les voyais pas, mais je les entendais parfaitement : aussi, ce cliquetis, ce bruit de chaînes joint à un langage ignoble et à des jurements terribles, me faisaient mal à m'arracher l'âme. Parmi ces misérables, il y avait, me dit-on, un garçon de 19 ans, condamné à 20 ans de fers pour assassinat. Il m'est souvent arrivé de rentrer dans ma chambre pour me soustraire à ces choses horribles que je ne pouvais complètement éviter, puisque de mon lit, j'entendais parfois des mots de l'ignoble conversation de ces forçats qui attendaient là leur transport à la Nouvelle-Calédonie. Il faut vivre dans de telles maisons, pour voir et juger combien il y a de misères et de perversité dans la société. J'ai plus appris, à cet égard, pendant quelques mois, que dans tout le reste de ma vie.

En lisant ces lignes, on jugera combien j'avais besoin de consolations dans la pénible existence qui m'était imposée. Je dois en remercier la Providence, j'eus le bonheur de rencontrer des amis qui, dans mon malheur, me furent d'un grand secours.

Je dois mentionner d'abord l'honorable visite que me fit, dans le courant du mois de mai, accompagné de M. Bavelaër, directeur de la maison d'arrêt, M. l'Inspecteur général des prisons, venu de Paris. Le bienveillant directeur avait entretenu ce haut dignitaire de mes aventures avec les Prussiens, et il avait désiré me voir.

Tout en entrant dans ma petite chambre, M. l'Inspecteur me salua gracieusement, en me disant : « Madame, je connais par M. Bavelaër le motif » louable qui vous a mise sous les verrous ; recevez mes félicitations bien sincères pour votre » résistance à nos oppresseurs. Ce que vous faites, » Madame, est-au-dessus des forces de notre sexe. » Si tous nos soldats Français avaient eu votre » énergie, nous serions moins malheureux aujourd'hui. » Et il me tendit la main en me disant : « *Courage, Madame* ! »

J'avoue que je fus excessivement flattée de cette visite, et des bonnes paroles d'encouragement que venait de me dire ce haut et gracieux personnage. A partir de ce moment, j'eus toute espèce de liberté à la prison, ce que j'attribuai à sa recommandation. C'était, on le comprendra, comme un bon rayon de soleil qui venait de pénétrer dans la sombre demeure de la pauvre prisonnière.

Si je n'ai pas été conduite en Allemagne, je le dois en partie, je crois, à la bienveillance d'un professeur du lycée de Nancy, M. Husson, qui donnait des leçons de français au fils du gouverneur général en Lorraine, von Bonnin. Il sollicita de ce gouverneur que je subisse ma détention en France, et obtint cette faveur. Cette généreuse démarche fut faite par ce bon M. Husson sans que je l'en eusse chargé ; je lui en adresse donc ici mes biens sincères remerciements, toute ma reconnaissance.

M. Patte, ancien receveur des postes à Epinal, habitait Nancy ; j'eus la bonne chance d'être mise en rapport avec sa famille. Il me faudrait plusieurs pages pour énumérer tout ce qu'elle fit pour moi pendant ma détention. Madame avait l'extrême obligeance de venir régulièrement, tous les jours, passer une heure avec moi ; comme c'est une personne qui a beaucoup d'esprit et de tact, j'avais un plaisir infini à la recevoir. Dans les premiers temps, la réception avait lieu dans le bureau du gardien chef, ce qui nous gênait bien un peu, mais les choses changèrent en ma faveur à l'arrivée du nouveau directeur, M. Bavelaër, venant d'Haguenau. Lorsqu'il eut connaissance du motif de ma condamnation, il donna des ordres pour que j'eusse toute la liberté possible ; il permit, en particulier, que toutes les visites me concernant fussent reçues dans ma chambre, au lieu de l'être chez le gardien chef, comme le veut le règlement. J'eus, à partir de ce moment, la liberté d'aller partout dans la prison et dans les cours, excepté dans les salles des hommes, mais je pouvais me promener dans les corridors. C'est là que je voyais souvent un aimable compagnon d'infortune, M. Jules Paquet, ainsi que sa femme qui s'y trouvait d'une heure à deux heures après midi avec ses deux enfants, une jeune fille de 14 ans et un garçon de 12 ans. C'est dans ces longs corridors que nous faisions, en nous promenant, nos projets de vengeance contre nos ennemis, plus impitoyables pour M. Paquet et moi que pour les autres prisonniers de notre espèce. En effet, le jour de notre arrivée, nous étions 64, y compris les otages qui formaient à peu près la moitié de ce nombre; eh bien, le jour de notre libération, il ne restait plus avec nous qu'un nommé Simette condamné à 4 ans de forteresse, pour avoir crié, au moment du passage du roi de Prusse à Nancy; « *Vive la France, à bas Guillaume* ! » Ce n'était là qu'un cri inspiré par le dévouement patriotique, et l'administration municipale, par sa persistance, finit par obtenir, deux mois plus tard, la grâce de cet homme qui échappa ainsi à sa condamnation, sans avoir fait le voyage et surtout le séjour tant redouté.

Je reviens à cette excellente famille Patte dont je conserverai toute ma vie le meilleur souvenir. Je l'avais déjà connue à Épinal; je m'étais même trouvée plusieurs fois à dîner avec elle chez M. Bonnesœur. Un peu avant mon arrivée à Nancy, M. Patte, victime de la brutalité prussienne, avait été injustement condamné à quatre jours de prison et cent francs d'amende, comme accusé d'avoir craché au dos d'un gendarme allemand. Le délit avait eu lieu, mais il avait été commis par un individu qui, étant à la gare à côté de M. Patte, et ayant à peu près le même costume, avait effectivement craché sur le dos du gendarme. Notre directeur des postes fut donc forcé de subir, pour un autre, sans pouvoir se justifier, une peine imméritée, la prison, et d'y vivre comme les vrais coupables, ce qu'il n'a pas oublié. Avec une bonté que je ne saurais trop reconnaître, cet excellent monsieur, dès qu'il eût appris ma disgrâce, voulut que son expérience me fût profitable. Souvent lui et Mme Patte m'envoyèrent une part des meilleures choses servies aux repas de leur famille : une aile de poulet, une tranche de gigot, du poisson, de la marée, des écrevisses, des fraises, nombre d'autres choses qu'il serait long d'énumérer, et même du vin de Bordeaux. D'autres personnes se firent aussi un plaisir de me donner, de la même manière, des marques de leur sympathie : je n'oublierai pas les gracieusetés de M. et Mme Simette, originaires des Vosges, qui m'ont envoyé des *gâteries*, d'excellente bière de Tantonville quand il faisait chaud, des fraises, des cerises de leur grand jardin, de petits gâteaux et jusqu'à des macarons. Leur jolie jeune fille, Marie, m'apportait tout cela en venant travailler avec moi les après-midi ; le soir sa bonne mère venait la rechercher. Tant que je vivrai, je saurai gré de ces délicates attentions à ceux qui me les ont si généreusement témoignées, quoique je leur fusse étrangère.

Puisque je viens de parler de nourriture, je dirai en quelques mots comment je vivais à la pistole. La pension m'y coûtait assez cher : 3 fr. 50 par jour. Mes repas se composaient d'une tasse de café au lait le matin; à midi, j'avais un bon bouillon avec du bœuf, des légumes et un peu de viande dessus, du roti, souvent un peu de jambon chaud, ou de petites saucisses que je répugnais fort parce que j'en ignorais la provenance, point de dessert, et rarement une tasse de café noir ; pour le souper, à six heures, j'avais des legumes avec de la viande rotie le plus souvent. On me servait, par jour, un demi litre de mauvais vin, si j'en prenais plus, il fallait le payer à part. J'avais de bon pain blanc, toujours frais : je n'ai jamais eu le courage de goûter celui des pauvres prisonniers, qui me paraissait bien mauvais ; j'avais cependant droit à une livre et demie de ce pain, que je n'ai jamais réclamée, bien entendu. Je fournissais mon sucre et ma bougie, et je payais en outre six francs par mois à la fille des sœurs pour me coiffer et pour faire ma chambre, deux ouvrages que je ne puis plus faire depuis longtemps. C'était ma pauvre Thérèse, dont j'ai déjà parlé, qui lavait ma chambre, et elle se montrait heureuse de me rendre ce service, que je trouvais moyen de lui rétribuer.

Ce qui m'était le plus pénible quant au manger de la prison, c'est le dégoût naturel que souvent il m'inspirait, car je suis *néreuse* (ce mot très-significatif n'est pas français), au point d'en être ridicule, ne pouvant manger d'une chose si je doute de sa propreté. Dieu me punissait bien là de ce défaut dont je me suis un peu amendée, mais dont jamais je ne me débarrasserai complètement. Le linge dont on se servait pour essuyer la vaisselle m'inspirait la même répugnance. Je ne pouvais m'habituer à cette pensée qu'il avait été lessivé dans les mêmes cuves que le linge de corps de trois cents prisonniers plus ou moins sains, plus ou moins remplis de vermine ou même d'ulcères.

Les sages précautions prises à l'égard de tous ces malheureux auraient pu cependant un peu diminuer cette répulsion. Lorsque de nouveaux prisonniers arrivent, ils sont aussitôt conduits à la visite dans une petite pièce voisine de la buanderie. Là, on leur fournit les moyens de s'approprier; leurs cheveux sont peignés, coupés s'il est nécessaire; ils prennent un bain s'ils en ont besoin, dans une cuve destinée à cet objet; on leur donne des vêtements, l'uniforme de la maison, pour remplacer les leurs. Ceux-ci sont jetés dans une chaudière d'eau bouillante, puis *dégorgés* dans la grande auge qui est le lavoir des lessives, ensuite séchés, pliés et placés dans la lingerie, pour être rendus propres aux détenus à leur sortie. Pour les prisonniers, cette besogne, bien peu attrayante, est faite avec l'aide d'anciens détenus qui veulent bien s'y prêter. Ce sont les bonnes sœurs qui se chargent du reste et en particulier des prisonnières, et souvent, on le conçoit, le service n'est pas moins humiliant que pénible. Que de vertus et d'abnégation il faut avoir pour accepter aussi volontairement la tâche que ces respectables religieuses s'imposent! il faut en avoir été témoin, comme moi, pour croire à un pareil dévouement.

Je remercie la Providence de m'avoir évité l'humiliation de cette toilette des prisonniers. Je n'avais rien fait pour être confondue avec ces malheureux, et c'était déjà trop d'être condamnée à vivre dans la même demeure. Je dus donc, à de justes égards, la faveur de n'être point revêtue d'un costume qui, paraît-il, ne fut point imposé aux prisonniers d'État, sans doute par un involontaire oubli de nos ennemis.

LA DÉLIVRANCE.

Enfin le moment de ma délivrance arriva. En

voyant ma persistance à refuser de leur payer l'argent dont ils se montraient si avides, les Prussiens finirent peut-être par être honteux de leur conduite à mon égard. Sans que je l'eusse demandé, ils me firent grâce de 26 jours, car ma détention qui devait être, comme on l'a vu, de trois mois de prison et deux mois de plus si je ne payais pas les 500 fr. d'amende, finit au bout de 4 mois et 4 jours. J'étais donc *amnistiée* !

Cependant, lorsque cette *grâce* me fut annoncée, je ne voulais pas l'accepter : je trouvais que cela n'en valait pas la peine. Sans la sœur supérieure, je l'eusse refusée sur-le-champ. Ce fut l'aide de camp du général de Manteuffel qui, me dit-on, m'en apporta la nouvelle. Par un surcroit de gracieux savoir vivre, je suppose, il vint à minuit sonner à la porte de la prison pour m'annoncer cette haute faveur, et aussi en annoncer une semblable à M. Paquet, coupable comme moi d'avoir verbalement diffamé Guillaume, et n'ayant pas voulu non plus payer de rançon ,(il était entré à la maison d'arrêt et fut gracié le même jour que moi). Le grave personnage nous fit appeler aussitôt. En nous voyant arriver à moitié habillés dans le cabinet du gardien chef, il nous dit : « Sa haute » Majesté, l'empereur Guillaume, daigne vous » faire à *tous deux* grâce du reste de votre peine; » vous pouvez sortir *de suite* de prison. » Je me sentis blessée de cette offre faite à une pareille heure, et je lui répondis en le regardant et avec une juste fierté : « Vous attendrez bien, Monsieur, qu'il fasse jour, et nous aussi. » Il ne me répondit pas, il parut même embarrassé; parce qu'il sentait probablement l'inconvenance d'être venu, à une telle heure, nous éveiller pour si peu de chose (1).

J'étais si peu pressée de quitter la prison, que je reçus ma grâce le samedi 15 juillet à minuit, et que je ne sortis de la maison que le lundi 17, à neuf heures du matin. Voici pourquoi cette pro-

(1) La pièce qui constate cette « haute faveur » est ainsi conçue :

« Se : Majestœt der Kaiser und Kœnig von Deutschland » haben Allergnœdigst geruht, der hierselbst inhafterten » verehelichten Madame Baudouin, der Rest ihrer noch » zu verbüszenden Gefœngnissstrafe auf den Wege der » Gnade zu erlassen.

» Nancy, der 15 juli 1871.

» Kœnisuh Preufsische Commandantur.

(Sceau, ayant pour légende :) « Commandantur von Nancy. »

von Pacore,

Lieutenant-adjudant

TRADUCTION :

Sa Majesté l'Empereur et Roi d'Allemagne a daigné faire grâce du restant de la peine d'emprisonnement à laquelle avait été condamnée Mme Baudouin.

Nancy le 15 juillet 1871. — Royale prussienne commandantur.

Signé : De Pacore,

Lieutenant-adjudant

longation de séjour eut lieu. Le 15, je m'empressai de télégraphier la nouvelle de ma mise en liberté à mon mari qui était aux eaux de Contrexéville, puis à toute ma famille; ensuite j'écrivis à mes bons amis de Nancy, pour leur annoncer aussi une délivrance à laquelle ils s'intéressaient. Ils reçurent avec plaisir mes petites lettres, car le même jour, à neuf heures du matin, leurs félicitations m'arrivaient déjà, et même quatre invitations à dîner : une chez M. Simette, adjoint au maire de Nancy, une autre chez M. son frère entrepreneur, une troisième chez le professeur M. Husson, et la quatrième chez M. Patte. J'acceptai chez ce dernier qui, par ses nombreuses politesses, à mon égard, et celles de Mme Patte, m'avait obligée à donner la préférence à sa famille. Dans l'après-midi, cette bonne dame voulut bien encore m'accompagner dans les visites dont la reconnaissance me faisait un devoir, et qui me permirent enfin, rendue à la liberté, de voir et de remercier tous les bons cœurs qui m'avaient donné tant de marques de sympathie pendant ma captivité. Le soir je rentrai volontairement dans ma chambre, pour y coucher une dernière fois, et le lundi matin, après avoir dit adieu à M. le Directeur de la prison et aux bonnes religieuses, je partis pour Neufchâteau. La plus aimable réception m'attendait dans cette ville de la part de compagnons d'infortune, M. et Mme Cuny, que j'avais connus à Nancy, détenus et, comme moi, victimes de leur patriotisme, qui leur avait valu une condamnation prussienne. Une soirée bien agréable et une nuit passée cette fois dans un bon lit, me remirent un peu de mes fatigues. Le lendemain, je prenais la voiture pour aller rejoindre mon mari à Contrexéville où je fus heureuse de le retrouver en aussi bonne santé que je pouvais l'espérer, content lui-même de mon retour. En même temps que son bon accueil, je reçus aussi celui de tous les baigneurs et leurs félicitations les plus sympathiques.

Pendant les quelques jours que je passai à Contrexéville, le tribunal prussien de Nancy adressa au procureur de la République, à Épinal, pour me les faire notifier, une lettre, et une copie plus ou moins authentique de *la grâce* qui vénait de m'être accordée. Voici ces deux pièces, naturellement en allemand, que j'ai fait traduire en français.

19e DIVISION. Nancy. am 29 july 1871.

III. N° 2032. An den. Herrn Procureur der Republik in Epinal.

Die verehlichte Julie Baudouin, geborne Petit-Jean, welche durch Erkenntnisse vom 13 märz 1871 zu 6 monaten Gefangniss und einer geldbusse von 2000 franks, event. zu weitern sechs monaten verurtheilt war, ist durch die abschriftlich anliegende Allerhœchste kabinets ordre Sr Majestat des Kaisers, vom 15 d. mts., betreffs des restes der von ihr zu verbüssenden Strafe, begnadigt, und bereits am 15 d.mts. aus der haft entlassen. — Es ist derselben nunmehr noch die in vidimirter abschrift umstehend beygefügte kabinets — ordre zu publiciren.

Ew. hochwohlgeboren ersuchen wir, diese Publication zu gerichtlichem Protocoll veranlassen und uns dieses Protocoll gefälligst zugehen lassen zu wollen.

Wir bemerken hierbei dass sich, nach Angabe des

ebenfalls begradigten Pacquet die Baudouin jetzt zu Contre-Xéville bei Plombières aufhält.

Königliches Gericht der 19 division.

Y. A. D. D. K (1).

Gf. v. Reden Général major und Brigade-Kommanedur.	Heidman Justizrath und Division-Audietur.

Beglaubte Abschrift.

Ich will dem holzhändler Jules Paquet aus Nancy und der verchelichten Julie Baudouin, geb. Petitjean, von Rus (*sic*); die ihnen durch die Erkenntnisse vom II, resp. 13 märz d. j. auferlegten strafe hindurch aus Gnade erlassen. Das Oberkommando hat hiernach das weitere zu veranlassen und folgen die mit den Berichten vom 30 junij und 8 july d. j. eingesandten Acten anbei zurück.

Ems, den 15 juli 1871.

Gez : WILHELM.

An das Ober Commando der occupations. Armée in Frankreich.

Für die richtige abschrift
Heidman, Justizrath.

Scellé d'un sceau, sur cire vermeille, portant au centre l'aigle de Prusse, et autour, pour légende : *Konigl. Preuss. divisions gericht der 19ten division*, bordée d'un cercle en grénetis.

TRADUCTION.

19e Division. Nancy, le 29 juillet 1871.

III. N° 2032. A Monsieur le Procureur de la République, à Épinal.

La femme Julie Baudouin, née Petitjean, condamnée

(1) *Y. A. D. D. K.* signifie peut-être : Armée d'occupation de l'Empereur d'Allemagne.

le 13 mars 1871, à 6 mois de prison et 2000 francs d'amende, éventuellement à six mois de plus, a été graciée, quant au reste de la peine qu'elle devait subir, par le très-haut ordre de cabinet de S. M. l'Empereur, du 15 de ce mois, transcrit ci-après, et sa mise en liberté a eu lieu dès le 15 de ce mois. Il ne reste plus à présent qu'à lui notifier l'ordre de cabinet dont la copie vidimée est ci-jointe.

Nous prions votre Excellence de vouloir bien faire cette notification juridiquement, et d'avoir l'obligeance de nous en transmettre le protocole.

Nous ajoutons qu'au dire de Paquet, gracié par le même ordre, la femme Baudouin habite présentement Contrexéville près Plombières.

Tribunal royal de la 19e division.

Cte de Reden,	Heidman,
Major général et	Conseiller de justice
Commandant de Brigade	et Auditeur de Division.

Copie certifiée.

Je fais grâce, par le présent, au marchand de bois Jules Paquet de Nancy, et à la femme Julie Baudouin, née Petitjean de Rus (*sic*), des peines prononcées contre eux par les sentences respectives des 11 et 13 mars de cette année. Le Commandant en chef est chargé de donner des ordres en conséquence, et les dossiers qui accompagnaient les rapports des 30 juin et 8 juillet de cette année sont renvoyés ci-joints.

Ems, le 15 juillet 1871.

Sig. : GUILLAUME.

Au Commandant en chef
de l'Armée d'occupation en France.

Pour copie conforme,

HEIDMAN

Conseiller de justice (1).

(1) Cette traduction a été faite à Épinal par M. Hirtz, employé de la ville, et légalisée par le maire et le tribunal, le 26 et le 28 octobre 1873.

Il est facile de reconnaitre la fausseté introduite dans cette pièce adressée à Épinal, au Procureur de la République. Comme je l'ai dit, je ne fus condamnée à Nancy, le 13 mars, qu'à 3 mois de prison et 500 fr. d'amende ou 2 mois de prison de plus, si je ne me soumettais pas à payer. Si j'ai été retenue 34 jours au-delà des trois mois, c'était évidemment pour cette amende. Alors, en quoi donc consiste la grâce que l'on prétend m'avoir faite? Mes juges, dans la communication faite au Procureur français, auront sans doute voulu, en portant ma condamnation à 6 mois de prison et 2000 fr. d'amende, insinuer que cette prétendue grâce était une haute faveur. Auraient-ils été honteux de leur conduite à l'égard d'une femme assez ferme et assez digne pour n'avoir pas rétracté devant eux une seule des expressions, un seul mot de ce qu'elle avait écrit et qui était la vérité? Auraient-ils voulu, en affirmant une insigne fausseté, essayer de prouver une générosité qu'ils n'ont pas eue? Je proteste contre cette duplicité, et j'espère qu'elle retombera sur ses auteurs, dont la loyauté et la délicatesse, comme on le voit, n'étaient pas grandes. Pour moi, je ne me crois redevable d'aucune faveur au très-haut ordre du cabinet de sa Majesté l'empereur Guillaume, et je le redis encore, on m'eût retenue plus facilement toute ma vie en prison que d'obtenir de moi une obole, ni aucune dénégation de ce que j'avais dit, aucune excuse pour ce que j'avais eu le courage de faire et que des sentiments de justice, d'humanité et un patriotisme sincère m'avaient inspiré. De tels sentiments sont un honneur, et ne se désavouent jamais quand on a du cœur.

Je ne décrirai pas mon séjour aux eaux de Contrexéville, où j'éprouvai le bienfait d'une tranquillité dont ma santé avait grand besoin. Notre saison étant finie, nous reprîmes, mon mari et moi, la route d'Épinal. Je m'y retrouvai enfin, après cinq mois d'absence, dans mon ménage que j'avais quitté si subitement et dans de si pénibles circonstances.

L'administration départementale était redevenue française, la ville était calme. Les habitants, à peu près libérés de l'obligation de loger chez eux les soldats de l'armée d'occupation, jouissaient enfin d'une situation moins pénible que celle où ils s'étaient trouvés pendant toute la durée de la guerre. Cependant, malgré la conclusion de la paix aux plus dures conditions, les Prussiens étaient toujours là, et ne devaient s'éloigner définitivement d'Épinal que le 29 juillet 1873. J'eus donc encore la douleur de les revoir avec leur uniforme; d'être obligée d'en loger quelques-uns; de supporter leur civilité rustique et parfois indécente, (on sait qu'ils se mouchaient avec leurs doigts, etc.); d'entendre chaque jour leur idiome guttural, si peu en rapport avec la douceur de la langue française, leur marche lourde *damant* le pavé, leur musique qui ne put jamais attirer notre population et pour laquelle les enfants mêmes avaient la plus instinctive répulsion; d'être témoin des brutalités que les officiers et autres chefs de l'armée ne ménageaient nullement à leurs subordonnés; en un mot de constater encore une fois chez eux tous les caractères d'une civilisation où *la force prime le droit,* comme l'a si bien dit leur véritable chef, le fameux Bismarck.

UNE HONORABLE PROPOSITION.

A part ces contrariétés, suite naturelle d'une guerre malheureuse dont le pénible souvenir ne peut être oublié, nous avions retrouvé, autant que possible, notre tranquillité. Mon mari avait pu reprendre son service de conducteur des ponts et chaussées, et moi, mes occupations ordinaires. Nos relations avec les anciens amis s'étaient aussi bien vite rétablies. Naturellement, notre conversation avait souvent pour objet ma condamnation, la peine que je venais de subir, et les causes qui m'avaient valu la rigueur exceptionnelle d'ennemis qui n'admettaient aucune protestation contre leurs actes répréhensibles. L'un de ces amis, M. Arbeltier, inspecteur des postes en retraite; me dit un jour ceci : « Votre patriotisme, votre conduite en présence de l'ennemi, à partir de son arrivée à Épinal, votre persistance à rester sous les verrous plutôt que de vous soumettre à ses exigences, plutôt que de rétracter une seule des vérités que vous avez eu le courage de lui adresser, sont au-dessus des forces d'une femme, et bien peu d'hommes auraient pu faire preuve d'autant d'énergie et de persévérance que vous en avez montré; les Prussiens eux-mêmes ont dû plus d'une fois en être étonnés ; vous avez donc droit à une récompense nationale ; il faut la demander pour vous : personne ne l'a mieux méritée. » Comme je me trouvais flattée de cette appréciation de ma conduite et de la proposition qui m'était faite aussi délicatement, j'acceptai, quoique je n'eusse jamais pensé à un tel honneur, n'ayant eu en vue, avant comme pendant mon infortune, que l'application des principes de justice et d'humanité qui devraient toujours diriger les actions des hommes. Il fut donc convenu que nous enverrions à M. Thiers, cette demande avec des pièces justificatives, et quelques jours après, elle lui était transmise. M. Thiers y répondit immédiatement en me disant d'adresser le dossier au ministre de l'Intérieur, ce qui fut fait sans retard.

M. le Ministre, avant de prendre une décision, renvoya le tout à M. de Blignières, récemment nommé préfet des Vosges, en le priant de lui faire un rapport sur mon procès avec les Prussiens. M. le Préfet, ne me connaissant pas, ne sachant pas non plus ce qui s'était passé, puisqu'il était nouvellement arrivé à Épinal, s'adressa, pour les renseignements au nouveau maire de la ville, M. Pentecôte, pharmacien, qui, léger en ceci comme en bien d'autres choses, et se croyant d'ailleurs un magistrat d'une très-haute importance, se permit de faire, sur mon compte, un rapport aussi faux que calomnieux, disant « *que, par mon procès, je n'avais fait que créer des embarras à la ville d'Épinal et à l'administration municipale, et cela, disait-il, sans profit pour personne ; d'ailleurs, ajoutait-il encore, Mme Baudouin a la tête dérangée, il n'y a pas lieu de s'occuper d'elle.* » M. le Préfet, croyant sans doute avoir affaire à un homme très-sérieux, comme devrait toujours être un maire d'Épinal, ne prit pas d'autres renseignements, et d'après ce rapport *infâme*, qui fut envoyé au ministère, la demande faite en ma faveur fut rejetée, et renvoyée à la préfecture avec les annotations indignes qui motivaient ce rejet.

M. le secrétaire général de la préfecture, qui m'honorait de son estime et de sa sympathie, parce qu'il connaissait ma conduite, ayant vu cette pièce ainsi renvoyée, prévint M. Arbeltier, l'ami de sa famille : « Venez, lui dit-il, à la Préfecture, je vous montrerai le rejet de la demande de Mme Baudouin ; elle a été indignement traitée auprès du Préfet, puis au ministère ; malheureusement, je ne devine pas qui a renseigné M. le Préfet ; veuillez la prévenir verbalement de cet insuccès, sans néanmoins lui dire ce que vous avez vu, cela lui ferait trop de peine, elle qui a déjà tant souffert. » M. Arbeltier fut lui-même tout confus de cette singulière nouvelle ; il s'acquitta cependant, avec sa délicatesse ordinaire, de la mission qu'il venait de recevoir, me disant que la demande avait été rejetée au ministère où j'avais été desservie on ne savait par qui, puis sans rien ajouter de plus, il me quitta tout soucieux.

On a pu en juger, je ne me laisse pas facilement abattre par l'infortune ; je me dis résolûment : il faut que je connaisse l'homme qui a si lâchement fait plus en quelque sorte contre moi que les Prussiens ; il a voulu me flétrir ; je le découvrirai.

Mes soupçons ne pouvaient encore se porter sur qui que ce fût. Je ne me connaissais pas d'ennemi capable d'une telle conduite à mon égard. Bientôt, cependant, je pus avoir des doutes qui finirent par me conduire à la découverte de l'homme que j'ai nommé, et voici comment. J'avais été trois fois chez M. Pentecôte pour faire légaliser des pièces, et pas une seule fois il n'avait voulu me recevoir. Ce refus était significatif : je pouvais le soupçonner, je ne me trompais pas.

En ce moment, M. le docteur A . . . . étant venu me faire une visite, je lui dis : « Vous qui êtes le voisin de M. Pentecôte, veuillez donc lui demander s'il n'a pas quelque chose contre moi ; je tiens à connaître exactement sa réponse. » Il me promit cette démarche, et il tint parole. — « Monsieur Pentecôte, lui dit-il, est-ce que vous en voulez à Mme Baudouin? — Oui, lui répondit-il, je lui en veux, et je ne l'aime pas. — Et pourquoi, lui dit le docteur ? — Parce qu'elle a quitté, sans motifs, ma pharmacie pour aller chez M. Lallemand. » Cette réponse n'a pas besoin de commentaire. Etait-ce donc là un motif pour me traiter indignement ?

Je voulus encore connaître, dans tous ses détails, l'ignoble rapport. Pour cela, je m'adressai à un de nos députés qui avait bien voulu déjà s'occuper de moi pendant que j'étais en prison. Je le priai de faire en ma faveur, une démarche au ministère et de m'envoyer une copie de la réponse qui avait été adressée à la Préfecture, ce qu'il fit. A la lecture de cette pièce, je fus atterrée, et pour la première fois, je versai des larmes, ce qui ne m'était pas arrivée, on l'a vu, dans mes plus fortes disgrâces avec les Prussiens. Cependant, surmontant cette faiblesse et sans autre découragement, j'allai sur-le-champ trouver M. Kiener, maire d'Épinal au moment de l'invasion et lors de mon arrestation, et qui ne cessa ces fonctions, qu'après la signature de la paix. Il fut très-sensible à ma demande, et me donna sur-le-champ, un certificat constatant les faits tels qu'ils s'étaient passés, et détruisant de la manière la plus loyale et la plus formelle, les allégations mensongères et humiliantes de son successeur. Voici d'ailleurs ce certificat que j'aurais pu faire signer par tous les honnêtes gens d'Épinal.

» Je soussigné ancien maire de la ville d'Épinal, certifie et déclare hautement qu'il est à ma connaissance personnelle que madame Baudouin a montré beaucoup de patriotisme pendant l'invasion allemande, et a fait preuve d'un grand courage qui lui a valu la sévérité extraordinaire de l'administration allemande, sans avoir jamais créé d'embarras à la ville d'Épinal, ni à l'administration municipale.

» Je n'ai jamais entendu dire que madame Baudouin ait eu l'esprit dérangé ; sa conduite si énergique, au contraire, lui a valu toute mon estime et celle des honnêtes gens.

» Épinal, le 19 avril 1874.

» Ch. KIENER. »

Le 23 avril 1874, trois jours après avoir obtenu ce certificat, je fus enfin en mesure de me relever du coup qui m'avait été porté si méchamment. Je joignis à cette pièce l'attestation de sœur Amélie confirmée par MM. Humblot et Poitresse, ainsi que la lettre de M. le Directeur de la prison de Nancy (3 novembre 1872), et j'adressai le tout, avec une recommandation de M. le président du tribunal d'Épinal, à M. Buffet, président de la chambre des députés, qui déjà avait daigné s'intéresser pour moi.

Je crois devoir rapporter ici lettre de M. le Directeur des prisons de Nancy.

MINISTÈRE DE L'INTÉRIEUR.

Prisons des département de Meurthe et Moselle et de la Meuse.

DIRECTION

Nancy, le 3 novembre 1872.

» Madame,

» Je m'empresse de vous adresser, ci-joint, ainsi que vous m'en avez témoigné le désir dans votre lettre du 30 octobre dernier, un extrait des registres d'écrou des prisons de Nancy constatant que vous avez été retenue, sur l'ordre des autorités allemandes, du 11 mars au 15 juillet de la même année (1871).

» Votre incarcération, Madame, a eu lieu sur un simple ordre, et sans être appuyée d'un extrait ou acte judiciaire régulièrement établi, comme la loi l'exige.

» Nos oppresseurs n'agissaient pas autrement, et je crois que vous aurez de la peine à obtenir une pièce officielle de cette nature.

» Je n'ai aucune qualité, Madame, pour agir dans ce but auprès de M. de Saint-Vallier, notre représentant auprès des autorités allemandes, mais on le dit très-dévoué à nos intérêts et assez en crédit auprès du général de Manteuffel; il se pourrait donc qu'une lettre que vous lui adresseriez directement atteigne le but que vous désirez.

» J'ai été très-heureux, croyez-le, Madame, de pouvoir m'employer à vous faire obtenir une pièce destinée à perpétuer dans votre famille le souvenir de votre patriotisme et de votre résistance à nos oppresseurs, dans des moments où cette vertu a manqué à tant d'hommes qui pouvaient nous sauver de tant de calamités.

» Nos excellentes sœurs ont été très-sensibles à votre souvenir et me chargent de vous offrir leurs meilleurs compliments.

» Veuillez agréer, Madame, de la part de Mme Bavelaër et de la mienne en particulier, pour vous et pour M. Baudouin, la nouvelle expression de ma profonde estime et de mon plus entier dévouement.

CERTIFICAT

Prisons de Nancy.

» Le gardien chef des prisons de Nancy, certifie qu'en vertu d'un ordre des autorités allemandes, Madame Baudouin, née Julie Petitjean, âgée de 55 ans, demeurant à Epinal (Vosges), inculpée d'outrages envers les Prussiens, a été incarcérée *le 11 mars 1871,* venant d'Epinal, et a été condamnée par le tribunal prussien, le 13 mars 1871, à la peine de trois mois de prison, 500 fr. d'amende (ou 2 mois), puis a été mise en liberté le *15 juillet 1871,* graciée par S. M. l'Empereur d'Allemagne.

» Nancy, le 1er novembre 1872. Signé : J. DELOYE.

» *Le Directeur des prisons du département de la Meurthe,*

Signé : BAVELAER, » et scellé du sceau des *Etablissements pénitentiaires de Meurthe et Meuse.*

LA MÉDAILLE D'HONNEUR

Le 31 mai 1874, M. Buffet m'annonçait, par une lettre charmante, que le nouveau ministre de l'Intérieur avait bien voulu prendre d'autres renseignements sur ma conduite pendant l'invasion, et que, cette fois, les rapports ayant été favorables, il m'était accordé une médaille d'honneur de seconde classe en argent. Je transcris ici cette gracieuse missive ainsi que trois autres qui l'avaient précédée et qui résument tout mon récit sur cette question.

Assemblée nationale.

MADAME,

J'ai recommandé à la bienveillante attention du Ministre de l'Intérieur, la demande d'une distinction honorifique, en récompense de votre dévouement à la cause nationale et des souffrances que ce dévouement vous a attirées.

Agréez, Madame, l'expression de mes sentiments distingués.

L. BUFFET.

Versailles, 19 novembre 1873.

Assemblée nationale.

MADAME,

La réponse que le Ministre de l'Intérieur à faite, le 26 novembre dernier, à l'appui de la proposition dont vous aviez été l'objet de la part de M. le Préfet des Vosges, n'a pas été favorable. Je ne pense pas, d'après les termes de cette réponse, que de nouvelles démarches pourraient aboutir à un résultat favorable.

Recevez, Madame, l'expression de mes sentiments distingués.

L. BUFFET.

Versailles, 18 Janvier 1874.

Assemblée nationale.

MADAME,

J'ai transmis à M. le Ministre de l'Intérieur les pièces

que vous m'avez adressées et la lettre qui les accompagnait

Agréez, Madame l'assurance de mes sentiments distingués.

L. Buffet.

Versailles, le 2 mai 1874.

Assemblée nationale.

Madame,

M. le Ministre de l'Intérieur vient de m'écrire que, depuis la décision prise par son prédécesseur au mois de novembre dernier, qui ne vous avait pas été favorable, une seconde enquête a eu lieu, et que les nouveaux témoignages qui lui ont été rendus de votre conduite l'ont déterminé à revenir sur la première décision.

Vous recevrez, en conséquence, une médaille de 2e classe en argent, et M. le Ministre veut bien m'informer que vous figurerez, pour cette distinction, dans le prochain travail des récompenses honorifiques.

Agréez, Madame, l'assurance de mes sentiments distingués.

L. Buffet.

Versailles, 31 mai 1874.

A l'annonce de cette bonne nouvelle que je reçus pendant un séjour à Roville, où j'étais depuis un mois, dans la famille de M. Berthier, je fus tellement émue et heureuse, que je puis compter le jour où elle m'arriva comme un des plus beaux de ma vie. L'honneur que me procurait cette distinction était grand, et certes bien digne de ma joie, mais ce qui me faisait le plus sensible plaisir, c'est qu'en me la décernant, le Gouvernement me réhabilitait aux yeux de tous les fonctionnaires et autres personnes auprès desquels j'avais été si honteusement traitée, moi qui, je le répète encore, n'avais eu d'autre intention d'abord que l'intérêt de la ville d'Epinal (à laquelle je suis très-attachée, bien qu'elle ne soit pas ma ville natale), ensuite d'engager les Allemands à être plus scrupuleux et plus humains envers des vaincus, et enfin de prouver à ces ennemis ce que peut et vaut une femme française, si faible qu'elle soit.

Le bonheur que j'éprouvais m'engagea à écrire à plusieurs personnes qui toutes me répondirent immédiatement en m'adressant leurs félicitations. Je ne pouvais oublier, en cette circonstance, mes amis de Nancy, et je crus ne pouvoir mieux leur témoigner mon attachement qu'en me rendant auprès d'eux. J'allai donc revoir, toute gaie, cette ville où trois ans auparavant j'avais éprouvé de sirudes secousses. Je passai cinq jours, dans la famille de M. Patte. Lorsque je crus lui apprendre ce qui m'était accordé, M. Patte le connaissait déjà par les journaux, et en était très content. Cependant lui, ainsi que le bon Directeur de la prison trouvaient que cette distinction était réellement au-dessous de ce que je méritais. Sans déprécier cette récompense, ils en auraient voulu une plus haute. Il est honteux, disaient-ils tous les deux, au salon de M. Bavelaër, de ne vous avoir donné qu'une médaille de seconde classe, vous femme, vous que nous avons vue à l'œuvre, résister avec une si noble fermeté à nos oppresseurs. Ce que vous avez fait, Madame, ajoutèrent-ils, bien peu d'hommes auraient pu le faire. Il est certain que sans votre indigne détracteur, la chose se fût passée autrement, et vous auriez obtenu ce que vous méritiez si bien, la vraie décoration. Ma réponse fut que je remerciais ces bons amis de leur trop bienveillante appréciation, mais que je devais m'estimer trop heureuse d'une distinction qui, pour être un peu plus modeste, ne me relevait pas moins du coup qui m'avait été porté, et qu'enfin je préférais, sous tous les rapports, cette chère médaille à une fortune, moi qui ne suis cependant pas riche, ajoutai-je. Voilà un petit détail qui prouvera à ceux qui me liront, combien j'avais souffert sans me plaindre, pas même à mon mari, des bassesses employées contre moi et qu'il ignorait encore.

J'écrivis à M. Arbeltier pour lui faire part de l'heureuse nouvelle que venait de m'annoncer M. Buffet. Je le chargeais de révéler le tout à mon mari, afin de lui procurer une surprise d'autant plus grande que la chose avait été préparée et exécutée à son insu.

Voici ma lettre à M. Arbeltier, ancien Inspecteur des postes :

Roville, le 1er juin 1874.

Mon cher Monsieur Arbeltier,

Je suis trop heureuse de venir vous annoncer que le nouveau Ministre de l'Intérieur a bien voulu revenir sur la décision prise par son prédécesseur. M. Buffet, président de la chambre des Députés, vient de m'écrire pour m'annoncer que je recevrai une médaille d'honneur de 2e classe en argent et que je figurerai, pour cette distinction, dans le prochain travail des récompenses honorifiques, avec l'autorisation de porter cette médaille sur la poitrine; j'aurai aussi un brevet constatant mon dévouement à la Patrie.

Grâce à vous, cher Monsieur Arbeltier, si j'obtiens cette faveur qui me réhabilite aux yeux des personnes auprès desquelles j'ai été si lâchement calomniée. Toute la Préfecture connaissait le rejet adressé à l'habile préfet de Blignières, on le savait aussi chez Busy, rédacteur du journal. Merci donc mille fois pour le dévouement que vous m'avez montré dans une circonstance où j'avais si besoin d'être soutenue; j'ai trouvé en vous plus qu'un ami, aussi je ne l'oublierai pas, soyez en convaincu. Je crois pouvoir vous affirmer que l'ingratitude m'est inconnue et que je reste reconnaissante et fidèle à mes nombreux amis. J'aurai le plaisir, peut-être bientôt, de pouvoir vous témoigner verbalement toute ma gratitude.

Pouvez-vous croire que mon pauvre et bon mari a eu la discrétion de m'envoyer la lettre de M. Buffet sans l'ouvrir. Vous irez lui dire tout ce que vous savez; vous lui direz tout ce que j'ai souffert de *cette infamie* de Pentecôte, sans que jamais j'en aie fait une plainte qu'à vous seul. Je crois que ce cher mari qui m'aime sera heureux de voir qu'après tant de luttes, nous ayons obtenu un si brillant résultat.

Depuis l'annonce de cette fameuse médaille, on dirait que ma santé va un peu mieux; le moral n'est plus en désarroi, ce qui influe sur le physique.

Ci-joint la lettre de M. Buffet, que vous montrerez à mon mari.

En attendant le plaisir de vous revoir, agréez, cher Monsieur et ami, l'assurance de mes meilleurs amitiés.

JULIE BAUDOUIN, née PETITJEAN.

La réponse de M. Arbeltier ne se fit pas attendre ; je la reçus trois jours après, elle est ainsi conçue :

« Epinal, ce 3 juin 1874.

» Chère Madame Baudouin,

» Ce matin, en recevant votre lettre, j'ai pensé tout de suite qu'il y avait du nouveau, et je me suis hâté bien vite d'en rompre le cachet. Grande a été ma satisfaction en voyant la copie de la missive du président Buffet, qui nous apprend qu'enfin pleine et entière justice vous est rendue et que les calomniateurs en seront pour leurs frais.

» Soyez donc, chère Madame, félicitée de tout cœur, Sans le faux rapport du préfet de Blignières et les infâmes calomnies de Pentecôte, vous eussiez obtenu la vraie décoration et non une médaille d'honneur de 2e classe ; enfin, sachez vous contenter de ceci après ce qui s'est passé.

» Je suis allé ce matin voir votre mari pour lui confier notre conspiration et ses résultats définitifs. « J'ai bien vu que vous projetiez quelque chose entre vous, m'a-t-il dit, mais je ne savais pas quoi. » Il a paru content. Cependant lorsque je lui ai dit tout ce qu'on vous avait fait, il a versé quelques larmes en disant : « Ce n'était donc pas assez de quatre mois de prison qu'elle pouvait ne pas faire en payant l'amende, ce qui ne lui aurait pas coûté moitié de ce qu'elle dépensait ; il fallait encore qu'il se trouvât un *misérable* pour venir *l'écraser*, *l'humilier* par ses *infâmes calomnies*. Je sais, tout aussi bien que vous, les mauvaises plaisanteries qui ont été faites par le tabellion et autres de l'espèce.... »

» Ainsi, rien que pour ce motif, la médaille si bien méritée, lui fait plaisir ; quand elle sera arrivée et placée entre vos mains, quand on n'aura plus à redouter l'envie, nous enverrons une carte de visite au gracieux préfet et au très-puritain pharmacien, pour leur prouver, clair comme le jour, qu'ils en sont pour leurs peines et toutes leurs saletés.

» M. N..., votre ami, ancien maître de forges est justement du jury ; j'ai bien prié votre mari de lui annoncer la nouvelle et de l'en prévenir. Quant à moi, avant de rentrer pour dîner, j'ai couru à Bellevue, pour en prévenir le châtelain, M. De Blaye, qui en jubile et voudrait pour vous un bel article dans le journal. Avant, lui ai-je dit, il faut attendre l'arrivée du brevet et de la médaille. Le bon M. De Blaye, qui vous aime bien, voudrait un peu d'apparat dans la remise de la médaille, ce qui ne dépend que du préfet, mais mon opinion est qu'il vaut mieux faire les choses sans bruit. Quand on aura le bijou, on enverra, comme je vous l'ai dit plus haut, une carte de visite à l'ancien préfet des Vosges, entre nous, on rira de son long nez.

» Votre mari a très-bien pris notre ténébreuse conspiration, et je serais bien surpris s'il osait nous en gronder. La satisfaction obtenue n'est pas grande, mais c'en est une réelle.

» Sur ce, je vous en félicite bien sincèrement, tout en vous embrassant de tout cœur

» Votre co-conspirateur,

» ARBELTIER. »

Une autre lettre que j'écrivis quelques jours plus tard à M. Clément de Corravillers (Haute-Saône), mon village natal, reçut la réponse suivante :

« Corravillers, ce 12 juin 1874.

» Chère et honorée Madame,

» Laissez-moi venir vous remercier, au nom de ma mère et de ma famille, de votre aimable lettre du 9 courant. Ce n'est pas sans éprouver une certaine satisfaction que nous avons appris la légitime récompense qui vous est décernée par le Gouvernement de la République; recevez chère Madame, nos sincères félicitations.

» Votre courage, votre résignation, votre amour pour la France, nous ont prouvé votre patriotisme lors de cette dernière campagne : vous êtes à nos yeux une seconde Jeanne d'Arc. Pourquoi donc n'avez-vous pas été imitée, non-seulement par votre sexe, mais par ces hommes qui nous ont amené l'envahisseur et n'ont pas eu le courage de le détruire

» Cette guerre est pour nous une honte, et dire que les scélérats qui nous l'ont amenée prétendent encore nous gouverner.

» Horreur!... mieux vaudrait pour nous tous les démembrements de notre chère patrie.

» Qu'on consulte Strasbourg, Metz, l'Alsace et la Lorraine entière, et vous n'entendrez que des vociférations contre le lâche de Sedan et le traître de Metz, puis leur entourage.

» Aujourd'hui ces hommes apparaissent la tête haute et nous annoncent partout que l'empire est le légitime gouvernement des Français ; j'espère que nous ne nous laisserons pas évincer par ces gredins dont l'exil seul devrait être le refuge.

» Pardon, chère Madame, d'entrer dans d'aussi amples détails ; si je ne connaissais votre amour pour notre cher pays, l'énergie avec laquelle vous avez affronté les vexations continuelles de ces ignobles Allemands, je vous assure que ma plume eût été laconique. J'aimais d'épancher ce que mon cœur ressent envers une personne amie, à l'avance je sais que mes contrariétés sont partagées.

» Voilà longtemps que je connais votre cœur généreux et j'aime à me rappeler vos gâteries d'autrefois. Il y a 12 ans, j'étais l'objet de votre attention et de celle de M. Baudouin, lorsque je me trouvais au collége : que de bonnes journées vous m'avez fait passer !

» Vous voilà, nous dites-vous, installée à la campagne

chez des amis, nul doute qu'une saison de quelques semaines dans un intérieur où la gaieté règne ne produise sur vous un effet miraculeux.

» Nous sommes tant soit peu jaloux de cette préférence pour Roville ; il me semble que vos amis de Corravillers ont le droit de vous en faire la remarque : ne sont-ils pas vos débiteurs depuis bien des années ? Inutile de vous dire qu'une franche hospitalité vous est réservée. A quand le plaisir de vous posséder ?

» On dit que M. Baudouin doit venir pour les études des forts du Mont-de-Fourche, j'espère bien que nous aurons l'heureuse chance de le posséder pendant son séjour à Corravillers.

» En attendant, veuillez, bien chère Madame, agréer, au nom de nous tous, l'assurance de notre bonne amitié.

» CLÉMENT, Jules. »

Les journaux ayant répandu à Épinal la nouvelle qui me concernait, je reçus plusieurs lettres de félicitations parmi lesquelles je citerai celle de M. Petot, bibliothécaire de la ville.

« Epinal, le 31 juillet 1874.

» Chère Madame,

» Je savais, par le *Mémorial des Vosges*, qu'on vous avait accordé une médaille d'honneur de 2e classe avec un brevet vous autorisant à porter cette médaille suspendue à un ruban tricolore. J'ai pensé et je pense encore que cette récompense n'est pas à la hauteur de votre belle action, si courageuse et si patriotique ! Il fallait, Madame, avoir le cœur haut placé, et un courage hors ligne, pour dire son fait au vainqueur tout-puissant, sans cœur, sans foi et sans entrailles ! . . . .

» Je puis vous assurer, Madame, que pour mon compte,

je vous ai toujours rendu justice, et que, en toutes circonstances, j'ai eu soin de fermer la bouche à ceux de vos détracteurs que j'ai rencontrés.

» Veuillez agréer, Madame, l'expression de ma plus profonde estime.

» PETOT. »

Une très-bienveillante amie, Melle Adam, ancienne maîtresse de pension, sœur de l'architecte, et du brave colonel Adam, tué au siége de Sébastopol, ne voulut pas rester en retard, et m'adressa aussi en ces termes l'expression de ses généreux sentiments.

« Épinal, ce 5 août 1874.

» Chère Madame et amie,

» Vous connaissez assez mon cœur et mon affection, comme je connais assez le vôtre, pour espérer que vous ne me refuserez pas votre indulgence, et que, pour arriver tard, mes félicitations au sujet de votre médaille n'en seront pas moins bien accueillies. Mal renseignée, j'espérais de jour en jour vous voir revenir parmi nous, et je me réservais naturellement de vous dire de vive voix, avec quel intérêt j'ai reçu la nouvelle d'une récompense qui honore le Gouvernement qui la donne plus encore que celle qui la reçoit.

» Je regrette toutefois que cette récompense ne soit pas de 1re classe, comme les actes et les nobles sentiments pour lesquels elle est donnée; car il est impossible de montrer plus de courage et d'énergie devant un ennemi vainqueur et grossier jusqu'à la brutalité, que n'en a montré notre chère amie et compatriote Madame Baudouin. Si ce courage, cette fière indignation devant l'ennemi avaient été, au début de la guerre, dans tous les cœurs comme il était dans le vôtre, ma chère amie, on peut sans présomption se dire que la France n'eût pas été si malheureuse, si abaissée, dans cette fatale guerre dont nous porterons longtemps les cicatrices.

» On me dit, chère Madame Baudouin, que votre santé se trouve aussi bien de l'air et du calme de la campagne que votre cœur de l'agréable hospitalité que vous a offerte une bonne et aimable compagne de captivité; puissiez vous, chère amie, nous revenir le cœur allégé, les jambes alertes, et l'appétit robuste : ce serait le meilleur argument en faveur de l'efficacité des soins de l'amitié qui valent mieux dans certaines circonstances que toutes les prescriptions du *codex*.

» Tous vos amis ont été bien heureux de votre médaille, et l'excellent M. Arbeltier s'en est réjoui comme d'un événement personnel, mais il eût voulu pour vous une décoration, et non une médaille, ou au moins qu'elle soit de première classe. Vous voyez, chère amie, l'intérêt qu'il vous porte et je suis de son avis.

» Je ne vous parlerai pas d'Épinal, il n'y a d'ailleurs pas de nouvelles pour vous présenter de l'intérêt, tant elles sont insignifiantes en ce moment, mais je vous répéterai affectueusement ce dont j'espère vous ne douterez jamais, c'est que je suis l'admiratrice de votre beau caractère et l'amie sincere de votre chère personne.

» Votre bien dévouée,

» ADÈLE ADAM. »

Enfin, le 1er septembre 1874, la remise de la précieuse médaille et du diplôme qui constate cette distinction en ma faveur, me fut faite par l'autorité municipale.

Voici la copie du diplôme d'honneur.

RÉPUBLIQUE FRANÇAISE

MINISTÈRE DE L'INTÉRIEUR

RÉCOMPENSE POUR BELLES ACTIONS

MÉDAILLE D'HONNEUR

« *Au nom du peuple Français*,

» Le Ministre Secrétaire d'État au département de

l'Intérieur a décerné une médaille d'honneur en argent, de 2e classe, à Madame Baudouin (Julie), domiciliée à Épinal (Vosges), qui a fait preuve de dévouement pendant l'occupation allemande (1870-1871).

» Madame Baudouin est autorisée à porter cette médaille attachée sur la poitrine par un ruban tricolore également divisé.

» Ce diplôme lui a été délivré afin de perpétuer dans sa famille et au milieu de ses concitoyens le souvenir de son honorable et courageuse conduite.

» Versailles, le 24 juin 1874.

VU ET CERTIFIÉ :

Pour le Chef de Bureau du personnel.

Le Sous-Chef,

C. DOYER

Pour le Ministre de l'Intérieur :

Le Conseiller d'État Secrétaire général.

Ch. WELCHE.

Le lendemain, le *Mémorial des Vosges* rendant compte de cette cérémonie, s'exprimait en ces termes :

» Hier 2 septembre (1874), M. le Maire de la ville d'Épinal et son premier adjoint se sont transportés au domicile de Mme Baudouin-Petitjean, pour lui remettre, avec leurs félicitations bien méritées, la médaille d'honneur qui vient de lui être accordée, ainsi qu'un brevet l'autorisant à porter cette médaille suspendue à un ruban tricolore.

» Un fait généralement peu connu des habitants d'Épinal, c'est que le jour de l'invasion de la ville par les Allemands, deux femmes ont eu l'heureuse idée d'aller solliciter du maire l'autorisation d'arborer un drapeau parlementaire sur le sommet du clocher, et c'est à cet acte qu'il faut attribuer l'entrée pacifique des Prussiens dans la cité, malgré la fusillade et la canonnade qui venaient d'avoir lieu sur la côte de la Justice. Ces deux dames sont Madame Baudouin et la Supérieure des sœurs de la doctrine chrétienne....

» Nous regrettons que cette dernière, toujours modeste, ait été oubliée dans la distribution des médailles. Nous nous bornons à signaler ce fait à l'autorité (1). »

On remarquera que cet article omet complétement de rappeler ma condamnation et les circonstances qui en furent le motif. L'auteur de cette rédaction pouvait être *Prussien;* dans tous les cas, il tenait probablement plus aux sympathies des adversaires de la France qu'à leur déplaisir qu'il ne voulut pas s'attirer. Nous ignorons, s'il vit le drapeau parlementaire flotter sur la tour du clocher d'Épinal, mais nous sommes persuadée qu'il n'était pas avec les braves de Failloux.

Ce n'est pas ainsi que le rédacteur d'un journal de la Meurthe avait indiqué la véritable cause qui m'avait valu l'honorable distinction. Voici en effet comment il s'exprimait à cet égard :

« Une erreur typographique nous a fait omettre le nom de Mme Julie Baudouin, née Petitjean, d'Épinal, dans la liste que nous avons donnée des personnes honorées d'une médaille pour leur dévouement pendant la guerre. Nous avons d'autant plus à cœur de rectifier cette erreur involontaire que Mme Baudouin a été honorée d'une condamnation prussienne de 4 mois de prison, du 11 mars 1871 au 15 juillet de la même année, pour la coura-

---

» (1) NOTA. LA MÉDAILLE D'HONNEUR décernée pour acte de courage et de dévouement, se porte attachée par un ruban tricolore *également divisé.* Le ruban ne peut être porté sans la médaille.

» Les médailles civiles décernées par le Gouvernement ou les sociétés ne sont pas portatives. Il n'a été fait d'exception que pour les médailles d'honneur accordées aux membres des sociétés de secours mutuels. Les personnes décorées de ces médailles peuvent les porter suspendues à un ruban noir liseré de bleu, mais seulement dans l'intérieur des édifices où leur société se réunit (Décret du 27 mars 1878).

geuse conduite qu'elle a tenue devant les envahisseurs. »

Et le *Journal des Vosges* lui-même, disait; à la même date :

« Dans la liste des vosgiens décorés d'une médaille d'honneur de 2e classe, nous avons vu figurer avec plaisir le nom de Mme Baudouin-Petitjean, qui, condamnée à cinq mois de prison par l'autorité allemande, les a subis courageusement sans vouloir se libérer plus tôt, soit en donnant de l'argent, soit en faisant des excuses. »

C'est encore à Roville, où je suis revenu le 12 août 1875, et où je dois de nouveau passer quelque temps chez M. et Mme Berthier, que j'écris ces derniers détails. Ils passeront, je l'espère à ma famille pour qui ils auront peut-être quelque prix. Ce sont des souvenirs d'autant plus chers qu'ils me rappellent une foule de choses pénibles ou heureuses, mais toutes honorables pour moi, ce dont je remercie la Providence qui m'a si visiblement protégée dans les temps de mes plus grandes adversités.

Malgré la force de mon caractère, les violentes secousses que j'ai éprouvées pendant l'invasion, et surtout au moment de mon arrestation, pendant mon séjour à Nancy et après la honteuse conduite de l'homme qui, sans que je lui en eusse donné le moindre sujet me signalait comme ne méritant que *le mépris et la pitié*, ma santé a nécessairement été ébranlée. Tant de peines concentrées m'avaient énervée, et si j'ai pu y résister moralement, j'ai bientôt ressenti des douleurs corporelles qui me font l'effet de ne vouloir plus me quitter.

Ces souffrances m'obligeaient, sur la fin de juillet 1875, à aller demander aux eaux de

Plombières un soulagement dont j'éprouvais le besoin ; je m'y rendis, et cette saison me fit quelque bien.

Je rencontrai là, parmi des baigneurs sympathiques, une dame fort-distinguée, Mme la baronne de Pommereul de Marigny (Bretagne) ; je lui fis le récit de mes tristes aventures, et répondant à l'intérêt qu'elle voulait bien m'accorder, je lui confiai plusieurs lettres dont elle prit des copies. Quelques semaines après, je recevais d'elle un aimable souvenir, la lettre par laquelle je vais terminer ce mémoire et qui en sera le bouquet.

« Marigny, ce 9 septembre 1875.

» Bien chère Madame,

. . . .

. . . .

» J'ai montré vos lettres, pour lesquelles ces terribles Allemands vous ont fait faire 4 mois et 4 jours de prison. Je suis heureuse d'avoir pris la copie de ces lettres qui font l'admiration de ceux qui les lisent, en voyant votre énergie et votre courage. Il fallait avoir le cœur haut placé pour dire à nos vainqueurs ce que vous dites.

» Ces lettres ont été recopiées par une cousine, pour les emporter à Mayenne ; vous serez donc, chère Madame, connu, en Brétagne et dans le Maine, comme une femme supérieure, au-dessus de votre sexe, sans aucune flatterie de ma part.

» J'ai conservé un bien bon souvenir de nos relations, et je vous ai quittée à regret, chère Madame, peut-être nous reverrons-nous dans le même lieu ; cependant je me trouve bien de mon traitement, et je veux espérer que je ne serai pas obligée de le recommencer.

» Si vous vous trouvez bien de votre consultation à

M. D..., je serai trop heureuse d'avoir pu contribuer à votre guérison ou, sinon, à une grande amélioration de votre santé. Je serai bien enchantée aussi de recevoir de vos nouvelles.

» En attendant, je fais des vœux pour votre guérison, et vous prie d'agréer l'expression de mes sentiments les plus affectueux.

» Baronne DE POMMEREUL. »

Arrivée à la fin de ce modeste travail, destiné, je le répète, à ma famille et à quelques amis, mais non à une publicité quelconque, qu'il me soit permis, en présence des souvenirs qu'il rappelle, de faire un vœu bien légitime : c'est que notre bien aimée France ait toujours un gouvernement sage et loyal, qui force l'estime et le respect des autres nations, qui, donnant l'exemple d'un véritable patriotisme, sache l'inspirer à tous ses enfants. Alors, si jamais une nouvelle guerre devenait nécessaire, on retrouverait dans l'armée et parmi nos populations l'élan généreux qui, en multipliant les dévouements, opposerait une digue formidable aux envahisseurs et sauvegarderait l'intégrité du territoire.

DIEU PROTÉGE LA FRANCE !

Epinal, V. Collot, Imp.

www.ingramcontent.com/pod-product-compliance
Ingram Content Group UK Ltd.
Pitfield, Milton Keynes, MK11 3LW, UK
UKHW021114260726
13994UKWH00002B/877